※ | FISCHER

Bernd Deininger

Wie die Kirche ihre Macht missbraucht

Ein Theologe und Therapeut berichtet

FISCHER

Erschienen bei FISCHER Taschenbuch
Frankfurt am Main, Oktober 2014

© S. Fischer Verlag GmbH, Frankfurt am Main 2014
Mitarbeit: Henriette Dyckerhoff
Satz: Dörlemann Satz, Lemförde
Druck und Bindung: CPI books GmbH, Leck
Printed in Germany
ISBN 978-3-596-19894-8

Der Schutz der Persönlichkeit ist bei der Darstellung von Behandlungsfällen besonders wichtig. Alle vorkommenden Patienten haben ihre Einwilligung zur verfremdeten Darstellung ihrer Lebensgeschichte gegeben. Darüber hinaus habe ich mich an die allgemeine Praxis klinischer Autoren gehalten, persönliche Angaben zu Geschlecht, Hautfarbe und Alter zu verfremden. In die Mehrzahl der Fälle sind katholische Amtsträger verwickelt, wenn auch in einigen evangelische Geistliche eine Rolle spielen.

Alle in diesem Buch dargestellten therapeutischen Prozesse dauerten in der Regel mehrere Jahre und nahmen zwischen 240 und 300 Stunden Therapiezeit in Anspruch. Es werden keine Behandlungsprotokolle wiedergegeben, sondern lediglich grobe Strukturen der Behandlung aufgezeigt. In allen Fällen handelt es sich um schwer traumatisierte Menschen, bei deren Behandlung das »Gehalten-Werden« im Sinne eines Containments im Vordergrund stand.

Inhalt

Vorwort

Als man anlässlich der Vorfälle im Berliner Canisius-Kolleg mit der Frage an mich herantrat, ob ich meine Gedanken zu Missbrauchsskandalen der Kirche in einem Buch niederschreiben wolle, zögerte ich zunächst. Viele vor mir haben die Machtausübung der Kirche schon kritisiert. Ich entschloss mich dennoch, dieses Buch zu schreiben, da sich bisher niemand zur psychischen Verfassung der Betroffenen, Täter wie Opfer, geäußert hat. Es ist so gut wie nichts darüber bekannt, aus welchen Motiven Geistliche missbrauchen. Begriffe wie »Pädophilie« geistern durch die Medien, ohne dass erklärt würde, inwiefern sie etwas mit den Taten zu tun haben. Niemand kennt die biographischen Hintergründe der Täter und Opfer, die Empfindungen aller Beteiligten gehen oft genug in allgemeiner Entrüstung unter.

Anhand von Fallbeispielen möchte ich die Dynamik veranschaulichen, die sich aus den bestehenden Machtstrukturen der Kirchen und den psychischen Dispositionen der Täter entwickelt. Diese Dynamik als selbstgemachtes Unheil zu erkennen und diesem entgegenzuwirken – was den Kirchen und den Gläubigen gemeinsam obliegt –, dazu soll dieses Buch einen Beitrag leisten. Im besten Falle liefert es Material, um eine offene Diskussion über tabuisierte Themen anzustoßen.

Ich werde erklären, worauf die Macht der kirchlichen Amtsträger beruht, und zeigen, wie die Kirche in die intimsten Lebensbereiche der Gläubigen eingreift, wie sie gläubige Laien zu Sündern macht, während sie die Amtsträger über diese erhebt. Mein Wunsch ist, dass die Kirche sich wieder zurückbesinnt auf das, was meines Erachtens ihre eigentliche Bestimmung ist: das Zusammenführen, Unterstützen und Stärken von Gläubigen im Namen der Nächstenliebe.

Während meine Gedanken und Thesen zum Missbrauchsskandal der Kirche auf dem Boden meiner Praxis als Psychoanalytiker und Theologe gewachsen sind, könnte es schon bald wissenschaftliche Erkenntnisse zu diesem Thema geben. Ende März 2014 wurde von der Deutschen Bischofskonferenz ein Forschungsvorhaben auf den Weg gebracht, das zum Ziel hat, Faktoren zu suchen, die möglicherweise den Missbrauch von Minderjährigen begünstigen. Dies ist der zweite Anlauf der katholischen Kirche, sich den Missbrauchsfällen wissenschaftlich zu nähern. Ein früherer Versuch scheiterte 2013 daran, dass den Forschern keine freie Akteneinsicht gewährt wurde. Zudem war man sich nicht einig, ob und wie die Ergebnisse der Öffentlichkeit zugänglich gemacht werden sollten.

Das neue Forschungsvorhaben will die institutionellen Strukturen und die biographischen Muster der Täter und Opfer in den Blick nehmen, jene Faktoren, die auch ich für ausschlaggebend halte. Doch dieses Vorhaben kann nur erfolgreich sein, wenn die Täter in persönlichem Kontakt untersucht werden. Das bloße Aktenstudium der Fälle reicht nicht aus.

Wenn das Studienergebnis schließlich vorliegt, muss die katholische Kirche bereit sein, dieses auch uneingeschränkt öffentlich zu diskutieren und darauf zu reagieren – auch wenn das umfassende Eingriffe in Hierarchien und Arbeitsweisen der Kirche bedeutet. Nur so könnte diese Untersuchung den längst überfälligen Anstoß liefern, an der Machtstruktur der katholischen Kirche zu rütteln. Und sie könnte im Idealfall dazu führen, dass Mitarbeiter der Kirche nicht aufgrund ihrer Leistung und Anpassungsfähigkeit auf ihre Posten gelangen, sondern aufgrund von persönlicher Reife und sozialer Kompetenz.

Wenn ich Dinge anspreche, die in der Kirche verbesserungswürdig sind, dann möchte ich keinesfalls so verstanden werden, als würde ich Kirche oder Religion ablehnen. Die Kirche als Institution des christlichen Glaubens hat sehr gute, wohltuende Wirkungen auf ihre Mitglieder. Der Umgang miteinander ist in der Regel achtsam und einschließend. Menschen, die sozial oder körperlich benachteiligt sind, werden ganz selbstverständlich aufgenommen. Viele Menschen finden in der Kirche Halt, wenn sie einen lieben Menschen verloren, sich von einem Partner getrennt haben oder schwer erkrankt sind. Zudem hat eine gute religiöse Verankerung nachweislich auch gesundheitliche Vorteile. Menschen, die glauben und in eine christliche Gemeinschaft eingebunden sind, sind psychisch stabiler, sie sind weniger anfällig für Bluthochdruck und Herzinfarkte, und sie haben eine höhere Lebenserwartung. Diese heilsamen Effekte der Kirche möchte ich keinesfalls unterschlagen.

Durch meinen Beruf als Psychoanalytiker habe ich aber mit Fällen zu tun, in denen die Kirche als Institution des christlichen Glaubens destruktiv auf Menschen einwirkt. Ich erlebe Christen, die wegen ihrer religiösen Bindung und dem oft damit verbundenen Über-Ich-Ideal in wahnhafte Zustände oder sogar zu Selbstmordversuchen getrieben werden. Viele haben unter dem Deckmantel der Nächstenliebe Gewalt und Missbrauch erfahren. Als Opfer betroffen sind Frauen ebenso wie Männer und sehr häufig Kinder.

In Deutschland wurde im Jahr 2010 öffentlich, in welchem Ausmaß Schutzbefohlene durch kirchliche Amtsträger missbraucht wurden. Ausgehend von Medienberichten über Fälle im katholischen Canisius-Kolleg in Berlin, wurde bald öffentlich, dass auch in zahlreichen anderen kirchlichen Einrichtungen Gewalt ausgeübt wurde. Seither sind viele Taten ans Licht gekommen, immer mehr Menschen brechen ihr Schweigen. Da ist zum Beispiel der katholische Pfarrer, der zu mir kam, weil er fürchtete, zum Täter zu werden. Im Laufe der Analyse stellte sich heraus, dass er als Kind selbst zum Opfer eines katholischen Geistlichen geworden war. Oder die Ordensschwester, die über viele Jahre von ihrer Oberin schikaniert wurde. Die Schwester hatte zuvor den Annäherungsversuch der Oberin abgewiesen.

Sehr oft betreffen die Fälle, mit denen ich zu tun habe, die katholische Kirche, doch ich erfahre auch von Missbrauchssituationen in evangelischen Institutionen. Schon lange beschäftigt mich die Frage, warum sich diese Missbrauchsfälle ausgerechnet in der Kirche häufen. Man darf die Ursache hierfür nicht in Glaubensinhalten suchen. Das Christentum betont maßgeblich die Liebe. Respektvoller und achtsamer Umgang miteinander steht im Vordergrund. Und genau an dieser Stelle treffen sich Kirche und Psychoanalyse, denn es gibt ein beide verbindendes Element: Liebe.

»Liebe deinen Nächsten wie dich selbst«, heißt es in der Bibel (Lev. 1/18). Dieser zentrale Satz beinhaltet gleich zwei Gebote. Zum einen: Liebe deinen Nächsten. Zum anderen: Liebe dich selbst. Wer sich selbst nichts Gutes tun mag, der wird sich auch schwertun, anderen Gutes zu tun. Dieses biblische Doppelgebot der Liebe hat auch in der Psychoanalyse eine zentrale Funktion. Das wichtigste Ziel einer jeden Behandlung ist, dass der Analysand lernt, sich selbst zu achten und sich mit all seinen Fehlern anzunehmen. Auch er muss sich selbst lieben können, um zum Beispiel soziale Kompetenz auszubilden. Für viele Patienten ist das ein langer und schmerzhafter Weg. Menschen, die sich selbst über viele Jahre als minderwertig empfunden haben, können ihr Selbstwertgefühl nur unter großen Schwierigkeiten aufbauen. Hier kann wiederum die Kirche helfen oder präziser: die Religion. Wenn man Gott als liebendes, elterliches Wesen begreift, dann darf der Gläubige annehmen, von diesem vorbehaltlos geliebt und akzeptiert zu werden. Dieser Gott liebt jeden Einzelnen genau so, wie er ihn geschaffen hat. Für Gläubige kann die Gewissheit solcher Liebe unendlich befreiend sein. Denn wenn Gott mich mit allem, was mich ausmacht, liebt, warum sollte *ich* mich dann nicht lieben?

Nein, die Ursachen für die Häufung schrecklicher Missbrauchsfälle finden sich in den inneren Strukturen der christlichen Kirchen, denn die große, oft uneingeschränkte Macht kirchlicher Repräsentanten begünstigt den Missbrauch dieser Macht.

Bernd Deininger
im Juni 2014

Kapitel 1

Mechanismen der Macht

Der Rohrstock traf präzise, in meinen Fingern kribbelte der Schmerz. »Ich mach das nur, weil ich euch liebe«, sagte der Dekan, nachdem er mich und ein paar andere Schüler gemaßregelt hatte. Er verwies damit auf ein biblisches Gebot, in dem es sinngemäß heißt: »Wer sein Kind liebt, der züchtigt es.« Ich erinnere mich daran, wie mich das irritierte, weil sich nichts von dem, was er tat, nach Liebe anfühlte. Züchtigungen waren in meiner Kindheit und Jugend in den fünfziger Jahren nichts Ungewöhnliches, aber vom Dekan, der uns in Religion unterrichtete, erfuhr ich sie besonders häufig. Später wurde er von einem jüngeren Vikar abgelöst, der uns anwies, uns über eine Schulbank zu legen, bevor er uns aufs Gesäß schlug. Jedes Mal, wenn er das tat, schwoll eine Ader an seinem Hals bedrohlich an.

Schläge auf die Hand konnte man mit erhobenem Kopf ertragen – aber wenn man vor der gesamten Klasse den Hintern versohlt bekommt, dann ist aller Stolz dahin. Wir fühlten uns ausgeliefert und schwach. Diese schmerzhaften Erfahrungen mit kirchlichen Amtsträgern haben mich jedoch nicht davon abgehalten, gern in die Kirche zu gehen und an einen Gott zu glauben, der freundlich ist und zu mir steht. Schwieriger wurde es, als ich älter wurde. »Lasst die Finger von den Geschlechtsteilen«, gebot der Vikar immer wieder, »wenn ihr masturbiert, läuft euch das Rückenmark aus!«

Allein der Gedanke an Selbstbefriedigung war schon sündig. Dieser Vikar sagte uns auch, wir sollten nicht hinter den Mädchen herstarren, mäßig essen, kein Bier trinken und uns auch sonst nicht vergnügen. Das ließ uns bedrückt und wortkarg zurück. Durch seine Worte hatte der Vikar nahezu allem, was Spaß machte, den Makel der Sündhaftigkeit angeheftet. Jedes lustvolle Erlebnis war begleitet vom Gefühl, etwas Falsches getan zu haben. Obwohl ich Gott nach wie vor für freundlich und zugewandt hielt, litt ich unter der Vorstellung, ihm zu missfallen. Hätte mich damals jemand gefragt, wie es dem Vikar gelungen war, mir alle sinnlichen Freuden derart zu vergiften, hätte ich es nicht sagen können. Heute weiß ich, woran es liegt.

Ein Repräsentant der christlichen Kirche hat durch sein Amt die Macht zu bestimmen, welche Handlungen gut und welche schlecht sind. Und als gläubiger Christ richtet man sich danach. Seit meiner Kindheit und Jugend ist nun einiges passiert. Viele Christen in Deutschland begegnen ihrer Kirche nur noch beim Besuch des Gottesdienstes am Heiligen Abend, bei Hochzeiten, Taufen und Beerdigungen. Dann sehen sie einen Mann (in der evangelischen Kirche auch viele Frauen) im Talar, der zu ihnen spricht, der mit ihnen singt und ihnen zu einem Abschnitt aus der Bibel seine Gedanken vorträgt. Und selbst jene, die christlichen Zeremonien und Glaubensinhalten kaum mehr Bedeutung beimessen, begegnen diesem Menschen, der den Gottesdienst leitet und die Besucher am Ende mit einem Segen nach Hause schickt, mit Respekt. Sie schütteln ihm die Hand beim Verlassen der Kirche, und vielleicht werden sie seinen Segen annehmen – und damit anerkennen, dass dieser Geistliche in seinem Bereich über Kompetenz verfügt. Aber warum? Woher kommt der Glaube an diese Sonderstellung eines Pfarrers?

Man unterstellt einem Pfarrer, dass er mehr über Gott weiß als andere. Als Theologe hat er seine Religion zu seinem Beruf gemacht. Er hat die Bibel nicht nur gelesen, sondern studiert. Diesen Sachverstand auf einem bestimmten Gebiet gesteht man beispielsweise auch einem Automechaniker zu, wenn man sein Auto in die Werkstatt bringt. Der Mechaniker hat sein Handwerk erlernt und verfügt damit in der Regel über bestimmte Kompetenzen. Aber es gibt einen bedeutenden Unterschied zur Kompetenz eines Pfarrers. Wenn mein Auto nach einer Reparatur in der Werkstatt noch immer nicht fährt, bekomme ich Zweifel am Können des Mechanikers. Die Arbeit eines Pfarrers aber lässt sich nicht in dieser Weise beurteilen. Die Religion bietet keine überprüfbaren Erklärungen für das Geschehen in der Welt, sie befasst sich mit dem Unerklärlichen. Man kann Gott nicht sehen, und seine Wege, heißt es, seien unergründlich. Alles, was ein Geistlicher tut, tut er im Namen Gottes, aber es gibt kein messbares Ergebnis seiner Arbeit. An die Kompetenz des Pfarrers muss man glauben. Das gibt ihm eine ganz besondere Art von Macht. Selbst Zweifelnden fällt es schwer, sich dieser Autorität zu entziehen, sobald sie sich in das System Kirche begeben.

Der Soziologe Max Weber definiert Macht sinngemäß als die Chance, den eigenen Willen auch gegen Widerstände durchzusetzen. Die Macht einer Kirche beruht auf Ritualen und religiösem Mythos.

Rituale, als bedeutungsvolle, symbolische Handlungen, die genauen Regeln folgen, prägen das kirchliche Miteinander. In der christlichen Kirche bekreuzigt man sich, man feiert zusammen das Abendmahl, die Eheschließung und die Taufe. Diese Handlungen folgen dabei einer genau einzuhaltenden Reihenfolge. Festgelegte Handlungsfolgen wie diese reduzieren Unsicherheit und schaffen Gemeinsamkeit. Durch Rituale bleibt der Gläubige selbst in Situationen, die ihn überfordern, handlungsfähig. Wer beispielsweise nach einer fragwürdigen Tat nicht weiß, wohin mit seinen Gewissensbissen, hat die Möglichkeit, zu beichten. Wer den Tod eines geliebten Menschen betrauert, hat die Möglichkeit, sich im Rahmen eines Begräbnisgottesdienstes von ihm zu verabschieden. Doch wirksam sind diese Rituale nur, wenn sie ein Geistlicher durchführt, andernfalls sind sie ohne Belang und verlieren ihre Bedeutung. Deshalb ist es so wichtig, dass man der Kirche vertraut und ihr Glauben schenkt. Der Gläubige tritt hier Macht an die Kirche ab. Sigmund Freud vergleicht kirchliche Rituale übrigens mit denen eines Zwangsneurotikers. Das zwanghafte Handeln nach genau festgelegten Regeln weist seiner Ansicht nach Parallelen zu den immer gleichen Abläufen auf, mit denen Christen sich bekreuzigen, getauft werden oder das Abendmahl einnehmen. Vor diesem Hintergrund betrachtete er Religion als »kollektive Zwangsneurose«.

Über die Bildung von Mythen wird die Welt in einen Sinnzusammenhang gebracht. Fragen nach dem Tod, dem Leben und der ungleichen Verteilung von Glück und Leid sind existentiell, lassen sich jedoch nicht beantworten. Das, was Menschen nicht als unerklärlich hinnehmen wollen, findet im Mythos eine Antwort. Im Christentum erklärt beispielsweise der Schöpfungsmythos, dass die Welt entstand, indem Gott sie in sieben Tagen erschuf. Glaubt man daran, gibt es keine Fragen mehr. Der Gläubige legt die Deutungshoheit über die Welt in die Hände der Kirchen und fügt sich ihrer Weltsicht. Auch damit gibt er der Kirche Macht.

Das Besondere am Christentum ist sein Monotheismus. Die christliche Kirche gründet ihren Machtanspruch auf die Allmacht eines einzigen Gottes. Dieser lässt seinen Willen geschehen und leitet so die Geschicke dieser Welt. Die Gläubigen können sich auf ihn verlassen, er wird sich um sie kümmern. Alles, was geschieht, steht in einem großen Sinnzusammenhang, den nur er kennt. Sigmund Freud deutet die Vorstellung eines allmächtigen Gottes als Sehnsucht nach dem großartigen Vater. Der Gläubige kann auf diesen Gott vertrauen und sein Schicksal in dessen Hände legen.

Durch ihr Amt schreibt man Klerikern eine enge Verbindung zu Gott und damit die Fähigkeit zu, Gottes Wort auszulegen. Durch ihre Nähe zu Gott partizipieren sie an seiner Macht, und Teilhaber großer Macht nehmen sich als auserwählt wahr, so Sigmund Freud. Freud beschreibt auch, was passiert, wenn diese Macht zum eigenen Vorteil benutzt und missbraucht wird. Solche Taten lösen beim Täter Schuldgefühle aus, die eine Ideologie der eigenen Sündhaftigkeit, Unterwerfung und Selbstbestrafung entstehen lassen. Diese destruktive, oft verdrängte Seite wird nach meiner Erfahrung an gläubige Laien weitergegeben.

Schuld und Sünde

Die Macht der Amtsträger christlicher Kirchen zeigt sich darin, dass sie Gläubige dazu bringen, der christlichen Lehre zu folgen. Wer abweicht, also sündigt, ist schuldig und verdient eine Strafe. Bis heute fühlen sich Christen schlecht, wenn sie eine vermeintliche Sünde begangen haben, wobei mir wichtig ist zu erwähnen, dass der Begriff Sünde eigentlich nicht mehr ganz zeitgemäß ist. Innerhalb der Religionsgemeinschaften wird er zwar noch verwendet, aber in den Religionswissenschaften ist er inzwischen durch den Begriff »Schuld« ersetzt. Deshalb verwende ich Schuld und Sünde synonym.

Der biblische Sündenfall Adams und Evas markiert den Beginn der Schuldhaftigkeit des Menschen. Als Erben kommen wir nach christlichem Verständnis bereits sündig auf die Welt. Diese Urschuld ist unabänderlich und kann im Laufe eines Lebens durch Verstöße gegen Gottes Gebote noch potenziert werden. Einige dieser zahlreichen Gebote sind kaum einzuhalten. Für viele mag es keine große Überwindung darstellen, dem fünften Gebot, »Du sollst nicht töten«, oder dem siebten, »Du sollst nicht stehlen«, zu folgen. Aber wie ist es mit dem zehnten Gebot? Dort steht: »Du sollst nicht begehren deines Nächsten Weib, Knecht, Magd, Vieh noch alles, was dein Nächster hat.« Schafft man es immer, ohne Neid auf das nagelneue Auto des Freundes zu gucken oder auf seine schicke Altbauwohnung oder den tollen Job?

Wie schwer es ist, allen Geboten nachzukommen, wird in der christlichen Sexualmoral deutlich. Es ist interessant, was Papst Johannes Paul II. im Jahr 1992 im Katechismus der katholischen Kirche zum Thema schreibt. Neben Prostitution, Vergewaltigung und Pornographie werden auch Masturbation, Unzucht und Unkeuschheit verurteilt. Zur Unkeuschheit steht hier: »Unkeuschheit ist ein ungeregelter Genuß der geschlechtlichen Lust oder ein ungeordnetes Verlangen nach ihr. Die Geschlechtslust ist dann ungeordnet, wenn sie um ihrer selbst willen angestrebt und dabei von ihrer inneren Hinordnung auf Weitergabe des Lebens und auf liebende Vereinigung losgelöst wird.« Zusammengefasst wird jede sexuelle Handlung, die nicht innerhalb der Ehe, in echter Liebe und zur Zeugung eines Kindes geschieht, missbilligt. Fatal für die Gläubigen ist, dass nicht nur die begangene Tat als sündhaft gilt, sondern schon der Gedanke daran oder der Wunsch danach eine Sünde ist. Dies wird mit biblischen Sätzen belegt wie: »Denn aus dem Herzen kommen böse Gedanken, Mord, Ehebruch, Unzucht, Diebstahl, falsche Zeugenaussagen und Verleumdungen.« (Mt. 15,19) Im Schuldbekenntnis, das in den Ablauf des Gottesdiensts eingebunden ist, bekennen sich die Gläubigen schuldig, und zwar ausdrücklich in »Gedanken, Worten und Werken«.

Stellen Sie sich einmal vor, Sie wären fest entschlossen, eine Diät einzuhalten, um endlich ein paar Pfunde loszuwerden, und es würde schon der Gedanke an Schokoladeneis, Braten oder Kartoffelchips ausreichen, um diese Diät zu brechen. In diesem Fall wäre die Diät von vornherein sinnlos. Die allerwenigsten können sich aussuchen, woran sie denken und woran nicht. Wenn Sie einmal versuchen, für eine halbe

Stunde nicht an Schokoladeneis zu denken, werden Sie feststellen, wie schwierig es ist, seine Gedanken zu beherrschen. Selbst wenn Sie sich eigentlich nichts aus Schokoladeneis machen, werden Ihre Gedanken wie von selbst um die Süßspeise kreisen. Dagegen gelingt es vielen Menschen sehr wohl, kein Schokoladeneis zu essen. Ebenso sind Raucher in der Lage, das Rauchen aufzugeben, aber den Gedanken an Zigaretten können sie sich nicht verbieten. Mit dem Gebot, sündige Gedanken nicht zu denken, wird den gläubigen Christen etwas abverlangt, was nicht machbar ist, und das seit vielen hundert Jahren über viele Generationen. Was aber geschieht mit Menschen, die ständig mit einem moralischen Ideal konfrontiert sind, dem sie faktisch nicht entsprechen können?

Freud beschäftigt sich unter anderem auch mit dem Einfluss des Gewissens auf die psychische Gesundheit eines Menschen und teilt den psychischen Apparat in drei Instanzen: das Ich, das Über-Ich und das Es. Das Ich umfasst alles, was ich jetzt in diesem Moment bewusst über mich sagen kann. Mit Es bezeichnet er die Triebe eines Menschen, im Wesentlichen sind das der Aggressions- und der Sexualtrieb. Das Über-Ich schließlich ist die moralische Instanz oder auch das Gewissen und kann als Gegenspieler des Es angesehen werden. Im positiven Sinne sorgt das Über-Ich dafür, dass sich ein Mensch sozialverträglich verhält, dass er beispielsweise im Streit nicht aus Wut einfach zuschlägt, sondern mit Worten argumentiert. Ist das Über-Ich aber sehr stark ausgebildet, wird man schon beim kleinsten Verstoß gegen eine Wertvorstellung von seinem schlechten Gewissen gequält.

Wenn aber kaum ein Unterschied zwischen einer sündigen Tat und dem Wunsch danach gemacht wird, wird das strafende Über-Ich gestärkt. Das Resultat sind Schuldgefühle, die so stark werden können, dass sich pathologische Symptome ausbilden. Wenn meine Patienten an Schuldgefühlen leiden, dann oftmals nicht, weil sie etwas Schlimmes getan haben, sondern weil sie sich etwas wünschen, was sie sich ihrer Meinung nach nicht wünschen dürfen, oder weil sie Phantasien haben, die sie als schlecht empfinden. Psychoanalytiker unterscheiden hier zwischen einem real begründeten Schuldgefühl und einem irrealen. Real begründet ist ein Schuldgefühl, wenn es die Folge einer ausgeführten Tat ist. Irreal ist es, wenn es nicht auf einer realen Tat basiert. Ich erlebe in meiner Praxis Menschen, die sich allein aufgrund ihrer Existenz schuldig fühlen. Sie haben den Eindruck, eigentlich nicht auf der Welt sein zu dürfen. Manche meinen, sie müssten sich für alles entschuldigen, weil sie mit jeder einzelnen Bewegung Platz in der Welt einnehmen, den andere brauchen. Einige fürchten, die Liebe ihrer Eltern zu verlieren, wenn sie allzu frei agieren, und fühlen sich deshalb schuldig. Es kommt sogar vor, dass Opfer von schwerem Missbrauch die Schuldgefühle des Täters übernehmen, nur um den Täter nicht verurteilen zu müssen. Das kann passieren, wenn der Täter aus dem unmittelbaren familiären Umfeld kommt oder eine Person ist, der durch moralische Integrität Respekt gebührt. Wenn ich Menschen mit derartigen Schuldgefühlen behandle, ist es meine Aufgabe, dem Analysanden diese bewusstzumachen und ihm dabei zu helfen, zwischen real begründeten und irrealen Schuldgefühlen zu unterscheiden.

Hält man sich vor Augen, wie schwer es ist, christlichen Moralvorstellungen zu genügen und Sünden zu vermeiden, wird die Frage interessant, wie man die auf sich geladene Schuld nun wieder loswird. Aus eigener Kraft kann sich der gläubige Christ nicht von der Sünde befreien, er bedarf dazu Gottes Gnade, und die wiederum kann nur ein Amtsträger der Kirche in der Beichte vermitteln.

In der Beichte gesteht der Pönitent, das ist der Beichtende, seine Sünden und bereut sie aufrichtig, der Beichtvater legt gegebenenfalls die Form der Buße fest und erteilt die Absolution. Man wird regelmäßig angehalten, sein Gewissen zu erforschen, es gibt sogar Kataloge mit möglichen Sünden, anhand derer man dem Gedächtnis auf die Sprünge helfen kann. Die katholische Kirche ermöglicht den Gläubigen, im Einzelgespräch mit einem Geistlichen im Beichtstuhl, ihre Sünden zu bekennen. In der evangelischen Kirche wird die Beichte oft in den Gottesdienst eingebettet, dann beichtet jeder still für sich und erhält nachher gemeinsam mit allen anderen Kirchgängern die Absolution. Dieses Ritual, sich seines Fehlverhaltens bewusstzuwerden, es zu bereuen und danach davon freigesprochen zu werden, kann einen entlastenden Charakter haben. In der intimen Zweisamkeit eines Beichtstuhls herrscht aber zugleich ein extremes Machtgefälle. Der Beichtende begibt sich im Moment der Beichte in die Hände des Beichtvaters, um sein Gewissen zu erleichtern und sich von seiner Schuld zu befreien. Mehr als einmal habe ich Patienten behandelt, die erleben mussten, dass die Macht, die sie ihrem Beichtvater in diesem Moment gaben, missbraucht wurde. In den Fallgeschichten wird noch deutlich werden, wie häufig gerade die Intimität der Beichte genutzt wird, um unter dem Deckmantel der Nächstenliebe Gewalt auszuüben.

Nach der christlichen Morallehre sind Gläubige von Geburt an Sünder und hören bis zu ihrem Tod nicht auf, sich zu versündigen. Sie fühlen sich permanent schuldig und Gott und der Kirche als Sünder ausgeliefert. Dabei könnte der christliche Glaube durch die neutestamentarische Botschaft eine ungemein schuldbewältigende Wirkung haben. Dieser Glaube kann helfen, irrationale Gefühlsanteile der empfundenen Schuld von den real gerechtfertigten zu unterscheiden. Dieser Glaube kann mit aller Kraft dazu beitragen, die persönliche Tatschuld eines Gläubigen zu minimieren. Leider benutzen viele Amtsträger christlicher Kirchen die verhängnisvolle Vermischung von irrealem Schuldgefühl und real begründeter Schuld, um ihre Macht über Gläubige zu stärken. Und die Menschen sind sehr oft gewillt zu tun, was von ihnen verlangt wird, wenn man dafür ihr schlechtes Gewissen erleichtert, und sei es nur für kurze Zeit.

Natürlich sind auch Repräsentanten der Kirchen nicht ohne Sünde, denn als Nachkommen Adams und Evas tragen auch sie die Urschuld in sich. Aber sie sind durch ihr Amt näher bei Gott, und ihre Schuld gilt als geringer. Sie haben die Macht zu bestimmen, welche Handlungen gottgefällig und welche sündig sind, und sie haben die Macht, Sünden zu vergeben.

Um zu zeigen, welchen Einfluss die Idee von Schuld und Sünde auf einen Christen haben kann, möchte ich hier von einem Fall aus meiner Praxis erzählen:

Walter D. war katholischer Priester, er kam zu mir, weil er unter Depressionen litt, vor allem aber wegen einer Zwangsstörung, die so ausgeprägt war, dass es ihm nicht mehr möglich war, seinen Beruf auszuüben. Als ich ihn kennenlernte, war er sechzig, die Zwänge hatte er schon seit der Pubertät. Vor mir saß ein großer, schlanker Mann mit einem schmalen Mund und unruhigen Augen. Während er redete, hielt er sich kerzengerade, seine Hände lagen übereinander vor ihm auf dem Tisch. Dort lagen sie beinahe die ganze Zeit, bis zum Ende unserer Sitzung. Auch wenn er auf der Couch lag, verlor er seine Haltung nicht. Walter D. fühlte sich oft schlapp und leer. Wenn er das Haus verlassen wollte, brauchte er sehr lange dafür, weil er erst nachsehen musste, ob alle Türen und Fenster geschlossen waren, der Herd ausgeschaltet, der Toaster, die Waschmaschine, jedes einzelne Elektrogerät musste überprüft werden, gründlich und mehrmals. Um ganz sicher zu sein, zog er die Stecker und schraubte die Glühbirnen aus den Fassungen. Das brauchte Zeit, manchmal drei bis vier Stunden. Wenn er schon am Vormittag einen Termin hatte, bei dem er das Haus verlassen musste, bedeutete das für ihn, sehr früh aufzustehen, um alles auf die richtige Art zu kontrollieren. Es war ihm immer schwerer gefallen, seine Aufgaben als Priester zu erfüllen. Irgendwann fiel auf, dass er nicht mehr in der Lage war, spontan aus dem Haus zu gehen. Da ging er schließlich zum Arzt. Ratlos sah Walter D. mich an, als sei er unsicher, ob ihm irgendjemand wirklich helfen konnte.

Als ich ihn nach seiner Kindheit befragte, erzählte er, dass er in einer streng katholischen Familie aufgewachsen sei.

Von ihm als dem Ältesten von vier Geschwistern erwarteten die Eltern ein vorbildliches Verhalten. Vor allem die Mutter hob diese Funktion immer wieder hervor. Beim kleinsten Verstoß zeigte sie sich grob enttäuscht und bestrafte ihn hart. Wenn er beispielsweise etwas zu spät aus der Schule kam, bekam er kein Mittagessen mehr. Im Alter von acht Jahren, als er kurz vor der Kommunion stand, machte die Mutter ihm wieder einmal Vorwürfe wegen eines Vergehens, da nahm er sich selbständig ein Holzscheit und kniete sich darauf, um so Gott um Vergebung seines Fehlverhaltens zu bitten. Er erinnerte sich, wie beeindruckt seine Eltern davon waren. Von da an tat er das regelmäßig, um seine Schuld zu bekennen und Buße zu tun. Und er fühlte sich oft schuldig. Sobald er die Sirene eines Polizeiwagens hörte, zuckte er zusammen, weil er Angst hatte, dass sie ihn abholen würden. Ein einziges Mal hatte er mit anderen Kindern Doktorspiele gespielt, danach hatte er sich so sündig gefühlt, dass er sich erbrechen musste. Obwohl er damals nicht genau sagen konnte, worin seine Schuld bestand, quälte ihn die Angst, bald sterben zu müssen. Schon als Kind hatte ihm die Mutter eingebläut, dass alles, was mit seinem Geschlecht zusammenhing, gegen Gott sei. Er sollte es auf keinen Fall berühren, erst recht nicht, als er älter wurde. Daran hielt er sich auch, so gut es eben ging. Als er seine ersten Erektionen bekam, fühlte er sich furchtbar. Obwohl ihm jedes Mal die Absolution erteilt wurde, begann er zu stottern, wenn er in der Beichte etwas Sündiges vortrug.
Er war zehn, als er begann, nach einem bestimmten Ritual zu Bett zu gehen. Erst faltete er jedes Kleidungsstück drei-

mal zusammen, dann legte er es nach einer genau vorgegebenen Ordnung auf den Stuhl, im Anschluss putzte er seine Schuhe und stellte sie daneben. Am Ende musste er noch fünfmal um den Stuhl herumgehen, bevor er sich in sein Bett legen durfte. Dieses Ritual musste genau in dieser Reihenfolge ausgeführt werden, nichts durfte fehlen. Wenn er etwas vergessen hatte, musste er noch einmal von vorne anfangen. Er erlaubte sich erst dann schlafen zu gehen, wenn alles richtig ausgeführt war.

Walter D. war fünfzehn, als sein Patenonkel Alfons intimen Kontakt zu ihm suchte. Es kam ein paarmal zu sexuellen Handlungen zwischen den beiden. Doch dann hielt Walter die Schuldgefühle, die er deswegen hatte, nicht mehr aus und brach den Kontakt zum Onkel ab.

Im Alter von dreißig Jahren begab Walter D. sich in ein Spätberufenenseminar, um Priester zu werden. Er hatte bereits eine Ausbildung zum Zimmermann hinter sich und folgte nun dem Wunsch seiner Mutter, die seit seiner Kindheit immer wieder betont hatte, wie gerne sie ihn als Geistlichen sehen würde. Sie war stolz auf ihn. Inzwischen spürte Walter D. deutlich, dass er sich zu jüngeren Männern hingezogen fühlte. Aber immer, wenn er jemandem begegnete, der ihm gefiel, hielt er sich von ihm fern, um nicht in Versuchung zu kommen. Als Priester zog er sich deshalb auch aus der Jugendarbeit zurück. Die Schuldgefühle blieben. Und wieder begann er, zwanghaften Ritualen nachzugehen. Jeden Abend und jedes Mal, bevor er das Pfarrhaus verließ, kontrollierte er die Schlösser der Türen und Fenster. Wenn er mal wieder gegen sein sexuelles Verlangen ankämpfte, kontrollierte er noch gründlicher. Und auch zu einem anderen Verhalten aus seiner Kinderzeit kehrte er zurück, zur Buße auf dem Holzscheit. Aber auch das half immer nur kurz. Nichts schien seine Schuld zu tilgen.

Eine Veränderung trat ein, als seine Eltern starben. Er war damals Mitte fünfzig. Statt sich zu grämen und zu trauern, war ihm, als sei eine Last von seinen Schultern genommen. Wieder fühlte er sich deshalb schuldig. Er kontrollierte nun alles im Haus mehrfach. Dieses Ritual war inzwischen so wichtig, dass es ihm nicht mehr möglich war, das Haus zu verlassen, ohne alles genau ausgeführt zu haben. Er brauchte dieses Gefühl, alles kontrolliert zu haben, weil es ihm Halt gab und das sexuelle Verlangen zurückdrängte.

Es war nicht einfach, Walter D. deutlich zu machen, dass es keinen realen Grund für seine Schuldgefühle gab. In der Behandlung war er zum ersten Mal in der Lage, Wertschätzung anzunehmen und zu seiner Homosexualität zu stehen. Immer wieder fragte er: »Kann Gott mich wirklich lieben, obwohl ich homosexuell bin?« Und ich sagte dann: »Ja, das kann er. Gott liebt Sie so, wie Sie sind. Gerade weil Sie homosexuell sind, liebt Gott Sie.«

Walter D. hatte sich sein Leben lang nach der Anerkennung und Liebe seiner Eltern gesehnt. Den Beruf des Pfarrers hatte er seiner Mutter zuliebe ergriffen. Im Laufe der Analyse begriff er, dass er ihr auf diese Weise »treu« geblieben war. Der Tod seiner Eltern war für ihn eine Befreiung. Solange sie lebten, hatte er seine Homosexualität geheim gehalten und verdrängt, weil seine Eltern einen homosexuellen Sohn nicht akzeptiert hätten. Heute sind Pfarrer D.s Gesichtszüge weicher. Seine Mimik ist lebendiger geworden, wenn er redet, unterstreicht er seine Worte mit den Händen. Es ist, als hätte ihm jemand unsichtbare Fesseln abgenommen. Und er hat jetzt einen Freund.

Sowohl die katholische als auch die evangelische Kirche erhalten und festigen ihre Macht, indem sie Menschen als Sünder brandmarken. Diese Macht nährt sich vom schlechten Gewissen der Gläubigen. Das gilt für beide Konfessionen. Jedoch unterscheidet sich die Macht eines katholischen Amtsträgers von der eines evangelischen. Dieser Unterschied ist nicht nur wichtig, um zu verstehen, warum wir bereit sind, den jeweiligen Amtsträgern zu folgen. Er ist vor allem entscheidend, um zu verstehen, warum Macht in der katholischen Kirche leichter missbraucht werden kann als in der evangelischen.

Sukzession und Eucharistie: Konfessionelle Unterschiede

Katholische und evangelische Gläubige reagieren sehr unterschiedlich auf ihre kirchlichen Würdenträger. Während zum Beispiel der katholische Bischof sich noch auf den Bischofsring küssen lässt, würden evangelische Gläubige eine solche Demutsbezeugung vielleicht devot finden. Der katholische Pfarrer darf während des Abendmahls aus dem Kelch trinken, was den Laien nicht gestattet ist. Beim evangelischen Abendmahl trinkt der Pastor gemeinsam mit der Gemeinde. An diesen beiden Beispielen deutet sich schon an, dass sich das Machtverhältnis in der katholischen Kirche von dem in der evangelischen Kirche unterscheidet.

Es gibt im Wesentlichen zwei Streitpunkte: Uneins ist man sich hinsichtlich des Gedankens der Sukzession, der im Katholizismus eine wichtige Rolle spielt. Es wird davon ausgegangen, dass die Bischöfe, und damit natürlich auch der Papst, in direkter Nachfolge der Apostel stehen, insbesondere zu Petrus. Zu ihm sagte Jesus den überlieferten Satz: »Du bist Petrus, der Fels, und auf diesen Felsen will ich meine Kirche bauen.« (Mt. 16,18) Damit bestimmte er ihn zu seinem geistlichen Nachfolger. Es heißt, dass der Kirchengründer sein Amt durch Handauflegen weitergab. Seine Nachfolger weihten wiederum andere, indem sie ihnen die Hand auflegten, und so fort. Nach dieser Vorstellung existiert eine ununterbrochene Kette von Handauflegungen, angefangen mit Petrus bis heute. Auch Priester und Diakone stehen in dieser Folge. Diese Verbindung zu den Aposteln ist an das Amt gebunden, jedes Mitglied des Klerus erhält sie automatisch. Ein katholischer Geistlicher, der heute agiert, kann also ebenso wie seine Vorgänger auch alle seine Handlungen auf die Apostel zurückführen. Es ist also sehr schwierig, ihn zu kritisieren.

Nach katholischer Auffassung existiert die apostolische Sukzession bei evangelischen Geistlichen nicht. Die Kette von Handauflegungen reißt danach bei Martin Luther (1483–1546) ab, denn Luther war – nach katholischem Verständnis – nur ein einfacher Priester und Ordensmann und hätte als solcher keine weiteren Amtsträger einsetzen können. Daher werden auch die Bischöfe, die er später eingesetzt hat, und alle evangelischen Amtsträger, die danach kamen, von der katholischen Kirche nicht als vollwertig akzeptiert. Ihnen wird speziell nicht zugestanden, die Sakramente in »richtiger Weise« geben zu können. Auch wenn es inzwischen vielerorts ein sehr gutes ökumenisches Zusammenwirken gibt, entzweit diese Vorstellung die Konfessionen bis heute.

Der Gedanke der Sukzession spielt in der evangelischen Kirche auch gar keine Rolle. Die Vorstellung einer Art mystischen Verbindung zwischen den Aposteln und heutigen Amtsträgern existiert dort nicht. Entsprechend sind Positionen und Handlungen evangelischer Geistlicher leichter zu hinterfragen als die katholischer Würdenträger. Evangelische Amtsträger können sich nicht auf die Macht der Apostel verlassen, sondern müssen durch gute Leistung überzeugen. Wenn ihnen ein Fehler unterläuft, können sie, zumindest prinzipiell, zur Verantwortung gezogen werden.

Auch das grundsätzlich andere Verständnis der Eucharistie, der Umwandlung von Brot und Wein in Leib und Blut Christi, trennt die Konfessionen. Wenn Protestanten das Abendmahl feiern, nehmen sie Brot und Wein als Symbol für Leib und Blut Christi zu sich. (Im Luthertum kann auch an eine Wandlung geglaubt werden, das hängt ganz vom persönlichen Glauben des Einzelnen ab. Für reformierte Christen sind Wein und Brot aber immer Symbole.) Im Katholizismus geht man von der Realpräsenz Christi aus. Die Eucharistiefeier gilt als Höhepunkt der katholischen Messe, denn darin wird – so die Vorstellung – tatsächlich aus einer Oblate der Leib Christi und aus Wein sein Blut. Diese Wandlung gilt als Sakrament und kann nur durch Priester und höhere Amtsträger vollzogen werden. Ein katholischer

Pfarrer hat also nicht nur die Kraft der Apostel im Rücken, sondern auch die Macht, eine Verwandlung zu bewirken.

Hinzu kommt nun noch ein wesentlicher Unterschied im Amtsverständnis. Die Priesterweihe oder eben die Weihe zum Diakon oder gar zum Bischof wird im katholischen Glauben als Sakrament verstanden, während sie nach evangelischem Verständnis keines ist. Ganz grundsätzlich kann man ein Sakrament als eine rituelle Handlung bezeichnen, bei der etwas im Namen Gottes und unter Mitwirkung des Heiligen Geistes von einem Zustand in einen anderen übergeht. Während die evangelische Kirche zwei Sakramente kennt, nämlich Taufe und Abendmahl (im evangelisch-lutherischen Glauben kommt gegebenenfalls die Buße noch hinzu), sind es im katholischen sieben, und zwar, neben der Taufe, die Eucharistie, die Firmung, die Beichte, die Ehe, die Krankensalbung und die Priesterweihe (oder eben die Weihe zum Diakon oder zum Bischof). Durch die evangelische Ordination wird ein Pfarrer beauftragt, von nun an bestimmte Funktionen auszuüben. Dahingegen erfährt ein katholischer Priester mit der Weihe eine Art Wandlung, so als würde ihm ein neues Wesensmerkmal zugesprochen. Ein evangelischer Pfarrer ändert sich durch die Ordination nicht. Im Protestantismus haben alle Getauften den gleichen Anteil am Priestertum. Deshalb spricht man von einem evangelischen Geistlichen auch nicht als Priester, sondern eher als Pfarrer oder Pastor.

Ein evangelischer Amtsträger kann bei grobem Fehlverhalten entlassen werden, er kann sein Amt und das Recht auf Wortverkündung verlieren. Wenn es einen triftigen Grund für diese Entscheidung gibt, muss ihm die evangelische Kirche auch kein Gehalt mehr zahlen. Einen ehemaligen Pastor unterscheidet dann nichts mehr von einem Laien. Das geschieht selten, aber es ist möglich. Ein katholischer Repräsentant der Kirche kann suspendiert werden, wenn er sich etwas zuschulden kommen lässt. Er kann das Recht auf Amtsausübung verlieren und seinen Anspruch auf Gehaltszahlungen, bleibt aber, wenn er beispielsweise ein Priester ist, auch ein Priester. Da die Weihe im katholischen Glauben als Sakrament verstanden wird, kann man sie nicht zurücknehmen. Man spricht hier vom »character indelebilis«, einem unauslöschlichen Zeichen. Wer einmal zum katholischen Priester, Diakon oder Bischof geweiht wurde, der bleibt geweiht, selbst dann, wenn er konvertieren sollte. Es gibt zwar auch in der katholischen Kirche die Möglichkeit, einen Priester zu entlassen und sogar zurück in den Laienstand zu versetzen, aber die Weihe kann man nicht rückgängig machen. Selbst ein Priester, der dem Klerikerstand enthoben wurde, darf einem Sterbenden noch die Buße abnehmen, auch zur Krankensalbung ist er noch berechtigt. Bei ranghöheren Amtsträgern ist eine Entlassung aus der Kirche sogar noch komplizierter. Einen Bischof beispielsweise kann selbst der Papst nicht einfach absetzen. Er kann ihn entmachten, aber er bleibt ein Bischof, selbst dann, wenn er keine Diözese mehr leitet. Auch Franz-Peter Tebartz-van Elst, der sein Amt im Bistum Limburg aufgeben musste, ist nach wie vor im Stand eines Bischofs. Amtsträger aus der katholischen Kirche zu entfernen ist sehr schwierig – Angst, das einmal erlangte Amt wieder zu verlieren, gibt es kaum.

Loyalität und Abhängigkeit:
Was die Kirchen im Innern zusammenhält

Innerhalb kirchlicher Amtsstrukturen fußt die Macht höherer Würdenträger gegenüber Untergebenen auf dem Gehorsamsgelübde. Mit der Weihe wird nicht nur Keuschheit gelobt, sondern auch die Bereitschaft beschworen, dem vorgesetzten Amtsträger in allen Fragen des Glaubens zu folgen, ganz gleich, was dieser verlangt.

Auch und gerade die, die sich entschließen, als Ordensmänner oder -frauen in einem Kloster zu leben, verpflichten sich zu Keuschheit, Armut und Gehorsam, und zwar nicht nur Gott gegenüber. Das ist in evangelischen Klöstern genauso wie in katholischen. Mit dem Gehorsamsgelübde erklären sich Ordensleute bereit, sich in das gemeinschaftliche Gefüge des Klosters einzuordnen, und das bedeutet in erster Linie, sich dem Abt oder dem Prior beziehungsweise der Äbtissin oder der Priorin unterzuordnen. Man begegnet den höherstehenden Amtsträgern mit Demut und wird ihnen in aller Regel nicht widersprechen, sehr oft auch dann nicht, wenn der Höherstehende etwas tut, was aus den verschiedensten Gründen missfällt.

Dieser bedingungslose Gehorsam gründet sich oft auf tiefempfundene Loyalität. In der Regel kann sich zum Beispiel ein Prior absolut auf die Ordensbrüder, denen er im Kloster vorsteht, verlassen, ebenso wie der Papst sich im Allgemeinen auf die Bischöfe verlassen kann. Diese Loyalität sollte nicht auf der Angst vor Benachteiligung, sondern im

Idealfall auf Respekt und Gemeinschaftsgefühl beruhen. Man kann das mit dem Zusammenhalt in einer Familie vergleichen. Auch dort hat jeder seinen Platz. Man ist in die Familie hineingeboren, und es herrscht ein aus Vertrautheit entstandenes Zusammengehörigkeitsgefühl, das die Familie gegenüber der Gesellschaft zu etwas Besonderem macht: zu einem Hafen der Geborgenheit. Im Idealfall wird hier keiner den anderen verraten. Es gibt Familiengeheimnisse, ein bestimmtes Wissen über den anderen, das in der Familie behütet bleibt. Loyalität führt dazu, dass man Außenstehenden nichts davon erzählt, dass der Papa Ärger mit der Steuerfahndung hat oder dass die Mama oft schon am Vormittag betrunken ist, und es wird vor anderen auch nicht darüber geredet, dass der Sohn einen Selbstmordversuch hinter sich hat. Im Idealfall wirkt diese familiäre Loyalität unterstützend, nämlich dann, wenn sie jedem Einzelnen die Sicherheit gibt, im familiären Rahmen angenommen und unterstützt zu werden. Loyalität wird instrumentalisiert, wenn Druck auf die Familienmitglieder erzeugt und damit Macht ausgeübt wird. Zum Beispiel, wenn ein Vater seinen Sohn sexuell missbraucht und ihm mit Verweis auf den Familienzusammenhalt einbläut, dass er keinem etwas davon sagen darf.

In etwas schwächerer Form kann man Loyalität auch in der Arbeitswelt finden. Auch hier gibt es das Gefühl, zu einer Gemeinschaft zu gehören, von der man in gewisser Weise abhängig ist, die einem aber auch ein Gefühl von Geborgenheit bietet. In einer Firma gibt es Vorgesetzte, denen die Mitarbeiter vertrauen. Unter Umständen sind sie vielleicht sogar bereit, ihrem Chef auch dann noch zu folgen, wenn es der Firma schlechtgeht und er möglicherweise den Lohn nicht pünktlich zahlen kann. Loyale Mitarbeiter werden sich auch nicht unbedingt vor Außenstehenden negativ über die Firma äußern. Sie werden es vielleicht auch für sich behalten, wenn die Firma Liquiditätsschwierigkeiten hat. Ein Chef, der sich der Loyalität seiner Mitarbeiter sicher ist, könnte versucht sein, das ihm entgegengebrachte Vertrauen auszunutzen und den ausstehenden Lohn letztendlich doch nicht zahlen.

Während die Macht eines Familienoberhaupts der eines kirchlichen Amtsträgers sehr ähnlich ist, unterscheidet sie sich von der eines Firmenchefs vor allem in zwei Punkten. Kirchliche Amtsträger können sich immer auf eine Instanz berufen, die über ihnen steht, die sie aber gleichzeitig für sich vereinnahmen. Wenn sie tadeln, dann tun sie das im Namen Gottes, des Allmächtigen, und da sie Gott näher stehen als der Getadelte, sind sie automatisch im Recht. Auch ein Familienoberhaupt darf erwarten, dass man ihm recht gibt, aber es kann sich lediglich auf die eigene Lebenserfahrung oder die Tradition berufen, nicht auf einen unfehlbaren Gott. Der Firmenchef schließlich kann neben seiner weltlichen Macht noch hoffen, dass man ihm aus Traditionsbewusstsein folgt. Eine höhere Macht, auf die er verweisen kann, steht ihm nicht zur Verfügung.

Außerdem hat ein Mitarbeiter einer Firma die Möglichkeit, in ein anderes Unternehmen zu wechseln. Er hat also – und das ist der zweite Unterschied – die Möglichkeit, sich aus der Gemeinschaft zu lösen. Sein Weltbild ist dadurch in den allermeisten Fällen nicht gefährdet. Bei einem Amtsträger oder Mitarbeiter der Kirche ist das anders. Wenn er die Gemeinschaft der Kirche verlässt (ob aus freien Stücken oder gezwungenermaßen, ist erst einmal unerheblich), wird er auch seinen Glauben neu überdenken müssen. Es ist schmerzhaft und anstrengend, sich von einem Weltbild zu verabschieden, das lange Zeit Halt gegeben hat. Manchen gelingt das nicht. Ebenso gravierend ist es, die eigene Familie zu verlassen. Auch hier gerät ein Weltbild ins Wanken. Und selbst wenn es einem gelingt, sich von den Angehörigen zu distanzieren, bleibt ein gewisses Zugehörigkeitsgefühl erhalten.

Insofern ist die Macht der Kirche und ihrer Amtsträger eine ganz besondere. Man kann Halt und Zuwendung finden wie in einer Familie. Zugleich begibt man sich in ein familienähnliches Abhängigkeitsverhältnis. Denn auch hier wird man angehalten, den Regeln und Moralvorstellungen des Oberhaupts zu folgen.

Wie die Einhaltung dieser Regeln eingefordert und in welcher Weise ihnen entsprochen wird, lässt sich sehr gut anhand der Sexualmoral der Kirche deutlich machen, denn die herrschende Lustfeindlichkeit ist meiner Ansicht nach mitverantwortlich für die Probleme, die die Kirche heute hat.

Kapitel 2

Kirche und Sexualität

Die Hände eines Jungen werden vor dem Schlafen seitlich am Bett festgebunden. So soll verhindert werden, dass er in der Nacht sein Glied berührt. Der Vater des Jungen, ein evangelischer Pfarrer, hat es so bestimmt. Diese Szene stammt aus dem Film »Das weiße Band« des Regisseurs Michael Haneke. Darin ermahnt der Vater seinen Sohn immer wieder, rein zu bleiben, er warnt ihn vor den verheerenden Folgen der Masturbation. Selbst als im Raum steht, dass der Junge möglicherweise ein anderes Kind grausam misshandelt hat, richten sich die Ermahnungen des Vaters ausschließlich gegen das Masturbieren. Dieser Dorfpfarrer ist derart fixiert darauf, alles Sexuelle zu unterbinden, dass er die anderen Vergehen gar nicht registriert.

Die im Film erzählte Geschichte spielt im Jahr 1913 kurz vor Ausbruch des Ersten Weltkriegs. Doch diese »Drohkulisse« existierte in der abendländischen Kultur bis in die späten sechziger Jahre des letzten Jahrhunderts, vereinzelt sogar noch länger. Immer kamen die Drohungen vonseiten der kirchlichen Repräsentanten. In meinem Fall kamen sie vom Vikar, der uns in Religion unterrichtete. Die anderen Lehrer interessierten sich nicht für unseren Umgang mit Sexualität, lediglich unser Wissen in Mathematik, Geographie oder Deutsch war für sie von Bedeutung.

Lust und Sünde

Bis heute sind Sexualität und christliche Kirche zwei Dinge, die nicht recht zusammenpassen. Friedrich Nietzsche formuliert den treffenden Satz: »Das Christentum gab dem Eros Gift zu trinken – er starb zwar nicht daran, aber entartete zum Laster.« Die Kirche erzeugt so selbst das Laster, gegen das sie vorgibt zu kämpfen.

Sucht man in der Bibel nach Anhaltspunkten für die rigide Sexualmoral der Kirche, muss man Geduld und etwas Phantasie aufbringen.

In der Heiligen Schrift finden sich eindeutig erotische Texte. Prominent ist das Hohelied Salomos aus dem Alten Testament: »Mit Küssen seines Mundes bedecke er mich. Süßer als Wein ist deine Liebe.« Oder: »Seine Linke liegt unter meinem Kopf, seine Rechte umfängt mich.« Detailliert und poetisch werden die einzelnen Körperteile der Geliebten beschrieben, angefangen bei den Lippen, über die Brüste (»Deine Brüste sind wie zwei Kitzlein, wie die Zwillinge einer Gazelle, die in den Lilien weiden«) bis zu den Beinen (»Seine Schenkel sind Marmorsäulen, auf Sockeln von Feingold«). Doch die Erotik dieser Zeilen hat in Interpretationen oft keinen Platz.

Stellen im Neuen Testament, in denen Jesu Haltung zur Sexualität deutlich wird, sucht man vergeblich. Äußerungen, in denen er ausdrücklich zu Homosexualität, Masturbation, Prostitution, vorehelichem Geschlechtsverkehr und ähnlichem Stellung bezieht, sind dort nicht festgehalten. Es ist

Paulus, der sich sehr deutlich gegen alle sinnlichen Freuden ausspricht. Während die körperliche Liebe im Hohelied offen und ohne Schuldgefühle geschildert wird, werden in den Schriften des Paulus sämtliche Formen von Sexualität mit einer Vehemenz verdammt, die man in den älteren Schriften der Bibel nicht findet: »Wisst ihr denn nicht, dass Ungerechte das Reich Gottes nicht erben werden? Täuscht euch nicht! Weder Unzüchtige noch Götzendiener, weder Ehebrecher noch Lustknaben, noch Kinderschänder (…) werden das Reich Gottes erben.« (1. Kor. 6, V. 9–10) Götzendienst, Unzucht, Homosexualität, Onanie – Paulus verurteilt alles mit gleicher Schärfe. Das gab es zuvor weder bei den Griechen noch im Judentum. Bei Paulus wird nun erstmals in der Geschichte des Abendlandes die Keuschheit zu einer Tugend, sexuelle Enthaltsamkeit zum Zeichen wahrer Frömmigkeit.

Im Januar 2014 forderte der konservative russische Politiker Wladimir Schirinowski die russische Bevölkerung auf, ihre sexuellen Aktivitäten auf viermal im Jahr zu beschränken. Das sollte seiner Ansicht nach die Moral und die Disziplin der Gesellschaft verbessern. Es bleibt zu hoffen, dass er damit keinen Erfolg haben wird. Denn Schirinowski dringt mit dieser Forderung tief in das Privatleben seiner Mitbürger ein. Falls sich so etwas Abstruses durchsetzen sollte, wird sich die Mehrheit der russischen Bürger sicher nicht daran halten. Aber sie werden, falls sie nicht danach handeln, möglicherweise das Gefühl haben, etwas falsch gemacht zu haben. Sie werden sich vielleicht sogar vor einer Strafe fürchten. Was nach düsterer Dystopie klingt, existiert aber unter den gläubigen Christen schon sehr lange. Die Kirche bestimmt bis ins

Detail, wie die Menschen leben sollen. Ihre Macht dringt vor bis in die Schlafzimmer der Menschen, bis in ihre Gedanken. Die christliche Sexualmoral beeinflusst das Leben der Gläubigen auch heute noch. Mit offensichtlich schlechtem Gewissen beichten hier in Deutschland junge Menschen, dass sie Sex mit ihrem Partner hatten, mit dem sie seit fünf Jahren liiert, aber nicht verheiratet sind.

Sexualität ist streng genommen nach wie vor Eheleuten vorbehalten. Außerhalb der Ehe muss keusch gelebt werden. Dass insbesondere Frauen als Jungfrauen in die Ehe gehen, ist eine Forderung, die vielen der heute Erwachsenen noch eingebläut wurde. Selbst wenn Christen heute oft anders leben, sind sie sich bewusst, dass sie gegen die Moral der Kirche verstoßen. In konservativen christlichen Kreisen in den USA lebt diese Tradition jetzt sogar wieder auf. Jungfräulichkeit ist dort wieder klare Voraussetzung für eine Ehe.

Doch während sexuelle Handlungen unter gläubigen Laien innerhalb der Ehe immerhin geduldet werden, müssen sich Amtsträger der katholischen Kirche zur Keuschheit verpflichten.

Leben ohne Lust: Der Zölibat

Im Katholizismus steht das Keuschheitsgelübde sinnbildlich für die schwierige Beziehung zwischen Kirche und Sexualität. Wer sich entschließt, Priester zu werden, verpflichtet sich mit der Weihe, zölibatär zu leben. Man spricht auch vom Versprechen der Ehelosigkeit. Da die Ehe im Christentum die Voraussetzung ist, sexuellen Kontakt zulassen zu dürfen, verzichtet der werdende Priester nicht nur auf eine Partnerschaft, sondern auch auf genitale Sexualität – für den Rest seines Lebens. Solch ein Gelübde mag vielen Menschen absurd erscheinen. Man kann zu Recht fragen, wie es überhaupt zu einer derartigen Verpflichtung gekommen ist.

In der christlichen Kirche gilt Keuschheit seit dem 4. Jahrhundert als besonders erstrebenswert. Beeinflusst durch die lustfeindlichen Schriften des Kirchenvaters und Philosophen Augustinus (354–430), werden sexuelle Handlungen als unrein stigmatisiert. Unter den Klerikern gilt nun als besonders nah bei Gott, wer zölibatär lebt. Es entsteht eine Hierarchie unter denen, die in der Lage sind, auf genitale Sexualität zu verzichten, und denjenigen, denen dies offensichtlich nicht möglich ist. Zunächst sind es nur Bischöfe, die sich zur Ehelosigkeit verpflichten. Durch Beschluss des Zweiten Laterankonzils im Jahr 1139 wird Keuschheit auch von Priestern verlangt. Fortan ist der Zölibat eine Voraussetzung für die Priesterweihe. Bis heute dürfen katholische Kleriker, die offen in einer sexuellen Beziehung leben, ihr Amt nicht ausüben. Eine Ausnahme gibt es allerdings: Wenn ein verheirateter evangelischer Pfarrer zum katholischen Glauben konvertiert und als Priester arbeiten möchte, muss er sich nicht scheiden lassen. Allerdings wird ihm empfohlen, auf den Geschlechtsverkehr zu verzichten.

Seit den 1960er Jahren wird vermehrt die Abschaffung des Pflichtzölibats gefordert. Zu dieser Zeit kommt es immer häufiger vor, dass Priester sich vom Zölibat befreien lassen wollen, um in einer Partnerschaft zu leben. Offenbar als Reaktion darauf bekräftigt Papst Paul VI. die Verpflichtung zur Keuschheit im Jahr 1972 noch einmal und verlangt diese von »allen Anwärtern auf die höheren Weihen«. 1983 wird unter

Johannes Paul II. noch einmal ein förmlicher »Weiheausschluss Verheirateter« erlassen.

So gehört das Keuschheitsgelübde nach wie vor ganz selbstverständlich zum Leben eines katholischen Geistlichen, denn auch Papst Benedikt XVI. verteidigt den Zölibat gegen kritische Stimmen und erkennt Keuschheit als »strahlendes Licht seelsorgerischer Barmherzigkeit«. Selbst der als fortschrittlich geltende Papst Franziskus lässt keine Bestrebungen erkennen, den Zölibat aufzugeben.

Biblisch begründet wird der Zölibat zuallererst durch die Evangelischen Räte, die Jesus denen gibt, die »vollkommen sein« wollen. In der entsprechenden biblischen Szene wird Jesus von einem Mann gefragt, wie er das ewige Leben erlangen könne. Dieser Mann möchte aber mehr tun, als die Gebote einzuhalten. Daraufhin antwortet Jesus, er solle alles, was er besitzt, den Armen geben. Außerdem solle er ihm, Jesus, folgen: »Und jeder, der um meines Namens willen Häuser oder Brüder, Schwestern, Vater, Mutter, Kinder oder Äcker verlassen hat, wird dafür das Hundertfache erhalten und das ewige Leben gewinnen.« (Mt 19,16) Nach katholischer Interpretation macht Jesus hier deutlich, dass eine Familie mit der engen Verbindung zu Gott nicht vereinbar sei. Ergänzend wird auch diese Äußerung Jesu zitiert: »Denn es ist so: Manche sind von Geburt an zur Ehe unfähig, manche sind von den Menschen dazu gemacht, und manche haben sich selbst dazu gemacht – um des Himmelreiches willen. Wer das erfassen kann, der erfasse es.« (Mt 19,12) Dieser Satz gilt im Katholizismus als Aufruf zur Ehelosigkeit. Entsprechend wird im Zusammenhang mit dem Zölibat auch von der Ehelosigkeit um »des Himmelreiches willen« gesprochen. Befürworter des Zölibats argumentieren außerdem, Jesus habe selbst zölibatär gelebt. Dafür finden sich in der Bibel allerdings keine eindeutigen Belege.

Der Zölibat erhebt den Klerus über die Laien. Während diese noch im Weltlichen verhaftet sind und sich ihrer Lust hingeben, sind Kleriker nicht von körperlichen Freuden abhängig. Sie können sich ganz Gott hingeben. Ordensfrauen bezeichnen sich selbst als »Bräute Christi«. Damit signalisieren sie, dass sie in der Beziehung zu Gott aufgehen und keinen weltlichen Partner brauchen. Auch die Sprache einiger christlicher Mystiker weist ein nahezu erotisches Vokabular auf, wenn es um die Beziehung zu Gott geht. Belege finden sich zum Beispiel in den Schriften von Teresa von Ávila (1515–1582), Hildegard von Bingen (1098–1179) und Meister Eckhart (1260–1328).

Auch wenn das Leben in einer Ehe heute grundsätzlich als ebenso fromm wie das Leben im Zölibat gilt, erzeugt das Keuschheitsgelübde – in der Praxis – noch immer eine Kluft zwischen Geistlichen und Laien. Zölibatär lebende Menschen lösen in uns eine Mischung aus Befremdung und anerkennendem Staunen aus. Man hält respektvoll Abstand.

Ehe- und Familienlosigkeit sorgen außerdem dafür, dass der Priester seine Arbeitskraft vollständig der Kirche und seiner Gemeinde widmen kann. Ein Priester ohne intime soziale Kontakte bindet sich emotional enger an die Kirche und fühlt sich mit ihr und ihren Idealen stärker verbunden. Aber auch ökonomische Überlegungen spielen eine Rolle: Eine Familie kostet nicht nur Energie, sondern muss auch ernährt werden. Ein Alleinlebender benötigt sehr viel weniger zum Leben als jemand, der auch noch Frau und Kinder versorgen muss. Entsprechend geringer kann die Besoldung ausfallen. Außerdem hat ein unverheirateter Amtsträger der Kirche keine (legitimen) Nachkommen, die ihn beerben. Die Besitztümer eines Klerikers fallen nach seinem Tod an die Kirche zurück.

Dabei ist die Geschichte des Keuschheitsgelübdes eine Geschichte von Verstößen. Viele Päpste und Bischöfe im Mittelalter versuchten nicht einmal zu verbergen, dass sie Beziehungen zu Frauen unterhielten und auch Kinder hatten. Von Papst Alexander VI. (1431–1503) zum Beispiel ist bekannt, dass er vor und während seines Pontifikats zahlreiche Mätressen hatte. Die Zahl seiner Kinder war kaum zu überblicken. Zu einigen stand er offen. Aber auch die niedrigeren Amtsträger hielten es nicht immer so genau mit dem Zölibat. Wenn sich ein Männerkloster in der Nähe eines Frauenklosters befand, gab es oft Geheimgänge zwischen den beiden Gebäuden. In einem solchen unterirdischen Gang am Chiemsee fand man zahlreiche Kinderskelette.

Katholische Amtsträger geraten immer wieder mit dem Keuschheitsgebot in Konflikt. Viele von ihnen behandle ich in meiner Praxis. Sie kommen mit Symptomen zu mir, ausgelöst durch entsetzliche Gewissensbisse. Sie fühlen sich schuldig, weil sie sich verliebt haben oder weil sie sich einfach nur einsam fühlen und nach Liebe sehnen. Darunter sind auch Kleriker, die schon viele Jahre in einer Partnerschaft leben, einige haben sogar Kinder – heimlich. Ein Beispiel aus meiner Arbeit als Psychoanalytiker macht deutlich, was Menschen in solchen Situationen empfinden:

Joachim S. litt unter Unruhezuständen. Es begann in den Beinen, sie wurden zappelig und zittrig, schließlich war der gesamte Körper betroffen. Wenn er dieses Kribbeln in den Muskeln spürte, half nur noch Bewegung, Gehen, am besten Laufen, auf und ab, im Kreis oder immer geradeaus. »Das ist ein Gefühl, als würde ich innerlich brennen«, sagte er und sah mich unsicher an. An Arbeit war in so einem Zustand nicht mehr zu denken, auch nicht an Schlaf. »Und dann wieder«, sagte er und rieb sich die Augen, »dann fühle ich mich leer und müde und will mit niemandem reden.« Joachim S. hielt inne, dann fuhr er fort: »Aber ich bin Priester. Ich muss mit Menschen reden. Die merken das doch auch. Neulich sagte die Küsterin: ›Sie sind ganz anders geworden. Sie lachen gar nicht mehr.‹«

Er sah mich an, als wollte er prüfen, was ich von dem, was er mir da anvertraut hatte, hielt. Dann wandte er abrupt den Kopf ab und sagte: »Ich hab nicht mehr das Gefühl, dass Gott mir helfen kann.«

Es stellte sich heraus, dass er schon seit einigen Jahren eine Beziehung zu einer Frau hatte. Es gab sogar zwei Kinder aus dieser Verbindung, zu denen er auch guten Kontakt hatte, obwohl sie nicht zusammenlebten. Pfarrer S. zweifelte an einem Weltbild, an das er lange fest geglaubt hatte. Die körperlichen Beschwerden zeigten, wie sehr er unter dem Gefühl litt, das meiste in seinem Leben falsch gemacht zu haben. Sein Unvermögen, zölibatär zu leben, empfand er dabei als die größte Verfehlung.

Als ich ihn nach seiner Lebensgeschichte fragte, hörte ich Folgendes:

Joachim S. war auf dem Land aufgewachsen. Sein Vater

war oft betrunken, und wenn er das war, wurde er aggressiv. Er schlug Joachim S. oft, einen Anlass fand er immer. Manchmal versuchte die Mutter den Sohn zu schützen, aber auch sie wurde verprügelt. Später dann trank der Vater so viel, dass er kaum noch gehen konnte oder gleich irgendwo liegen blieb. Nicht einmal die Kinder im Dorf hatten noch Respekt vor ihm. Einmal urinierten sie auf den Vater, als der betrunken und hilflos am Straßenrand lag. Joachim S. erinnerte sich noch gut an die Scham, die er dabei empfunden hatte.

Die Kirche war damals eine Art Zuflucht für ihn. Der Ortspfarrer war freundlich und kaufte ihm Süßigkeiten, wenn er kleine Aufgaben für ihn erledigte. Er war fünf, als ihn der Pfarrer zum Ministranten machte. Joachim S. ging jeden Tag nach der Schule zu ihm, er hörte dem Pfarrer zu, ließ sich Dinge erklären und half ihm mit kleinen Botengängen. In der Nähe des Pfarrers fühlte er sich besser als zu Hause. Insgeheim wünschte er sich, der Geistliche wäre sein Vater. Er war bereit, alles zu tun, was der Pfarrer wollte, wenn er nur in seiner Nähe sein durfte. Doch irgendwann änderte sich dessen Verhalten. Joachim S. war acht Jahre alt, als er angewiesen wurde, sich auszuziehen. Dann untersuchte der Geistliche das Glied des Jungen. Er müsse nachsehen, ob alles damit in Ordnung sei, sagte der Pfarrer. Joachim S. selbst dürfe nämlich sein Glied nicht anfassen, weil manchmal der Satan darin sei. Diese »Untersuchungen« fanden daraufhin regelmäßig statt, danach verprügelte der Pfarrer Joachim S. oft. Auch wenn der Junge in der Messe einen Fehler machte, das falsche Buch anreichte oder mit dem Weihrauchfass stolperte, schlug der Pfarrer ihn nachher in der Sakristei so heftig, bis er weinend auf dem Boden lag. Dabei beschimpfte er ihn, sagte, er sei nichts wert, er sei dumm und widerspenstig und werde noch so enden wie der Vater. Die anderen Ministranten standen dabei und sahen zu. Für Joachim S. war das, was der Pfarrer ihm antat, verwirrend, aber gleichzeitig kam es ihm wie eine logische Fortsetzung der Gewalt des Vaters vor. Er nahm an, dass Erwachsene mit Kindern eben so umgingen. Und er ging weiterhin zum Pfarrer, wie unter Zwang. Schließlich war auch der manchmal gut gelaunt, und dann half er Joachim S. bei den Hausaufgaben. Joachim S. begriff schnell, er war ein guter Schüler. Der Pfarrer sorgte dafür, dass der Junge aufs Gymnasium kam, die Kosten übernahm er. Die Eltern hätten sich das nicht leisten können.

Als Joachim S. zwölf war, ertrug er die Situation nicht mehr. Vor allem die »Untersuchungen« des Pfarrers machten ihm zu schaffen. Er war oft krank und fehlte in der Schule. Der Lehrer bat daraufhin die Eltern zum Gespräch, doch da der Vater wegen seiner Trunksucht nicht in der Lage dazu war und die Mutter zu schüchtern, sprang der Pfarrer ein. Joachim S. weiß bis heute nicht, was die beiden besprochen haben. Doch nach dem Gespräch wirkte der Pfarrer verändert. Zunächst redete er dem Jungen ins Gewissen, er dürfe nie jemandem erzählen, was zwischen ihnen gewesen sei, sonst werde er in die Hölle kommen. Kurz darauf schickte der Pfarrer ihn auf ein Internat, auf das viele Schüler gingen, die später Priester werden wollten. Auch hier erlebte Joachim S., dass er sich unterordnen musste. Wer sich nicht an die Regeln hielt, wurde hart bestraft. Oft sprachen die Erzieher dann tagelang nicht mit dem Übeltäter. Schüler, die man mit den Händen unter der Bettdecke erwischte, wurden im Keller eingesperrt und geschlagen. Joachim S. erinnerte sich noch an die Schreie der Mitschüler, die aus dem Keller zu ihnen heraufhallten. Er selbst wurde zweimal dort eingesperrt. Beim gemeinschaftlichen Duschen wurde streng darauf geachtet, dass die Jungen ihr Glied nicht berührten. Das sei sündhaft, hieß es. Einer der Erzieher wusch ihnen die Genitalien. Man sagte ihnen, als Priester sei er Gott näher als die Jungen und könne deshalb diese Aufgabe auf sich nehmen.

In den Ferien ging Joachim S. nach wie vor zum Ortspfarrer, der nun nicht mehr sein Glied untersuchte, ihn jedoch noch immer schlug. Der Junge sah keine Möglichkeit, sich diesem Einfluss zu entziehen.

Joachim S. war Mitte zwanzig, als er zum Priester geweiht wurde. Kurz darauf starb sein Vater, später der Ortspfarrer. Durch den Tod seiner Peiniger fühlte sich Joachim S. wie befreit, denn in seinen Träumen hatte er noch oft vor den Prügeln der beiden flüchten müssen. Was blieb, war eine große Angst vor Frauen, die er attraktiv fand, weil er auf keinen Fall sündig werden wollte. Einmal hörte er, wie ein Bischof sagte, ein Priester, der sein Amt aufgebe, weil er heiraten wolle, sei auf ewig ein »abgefallener Priester« und werde in die Hölle kommen. Diese Aussage ließ Joachim S. nicht mehr los. Als er sich verliebte und eine Beziehung einging, veränderte sich alles. Zum ersten Mal in seinem Leben erlebte er innige Liebe, Intimität und das Gefühl, angenommen zu werden, so wie er war. Überwältigt von der zärtlichen Zuwendung seiner Freundin, war er nicht imstande, diese Liebe wieder aufzugeben. Während er sich einerseits nichts sehnlicher wünschte, als offen zu seiner Freundin und den gemeinsamen Kindern zu stehen, quälten ihn andererseits die Angst vor der Hölle und die Angst, ein »abgefallener Priester« zu sein. Dieser innere Kampf führte letztendlich auch zu den körperlichen Symptomen. Mein Patient brauchte viel Zeit, bis er begriff, dass er die Zuwendung seiner Freundin verdiente und genießen durfte.

Für Joachim S. war die Kirche in seiner frühen Kindheit zunächst ein Ort, an dem er sich gut aufgehoben fühlte. Hier fand er Anerkennung und Zuflucht vor dem prügelnden Vater. Als dann der Ortspfarrer begann, ihn ähnlich zu misshandeln, wie sein Vater das tat, nahm er es hin, weil ihm diese Behandlung durch einen männlichen Erwachsenen vertraut war. Er war nicht in der Lage, sich selbst aus dieser Situation zu befreien, und musste erst körperliche Leiden entwickeln, um auf sich aufmerksam zu machen.

Am meisten litt er unter der Scham. Er schämte sich für seinen alkoholkranken Vater, dessen Prügel ihm ebenso zusetzten wie die Schläge, Beschimpfungen und Übergriffe des Dorfpfarrers ihn beschämt hatten. Doch am meisten schämte er sich, weil er nicht zölibatär lebte. Er musste erst begreifen, dass das Empfinden von Lust und Liebe kein Makel ist. »Gott freut sich, wenn Sie glücklich sind«, sagte ich ihm. »Sie dürfen Lust empfinden. Es ist nichts Schlechtes daran.« Anfangs nickte er nur zögernd. Doch langsam akzeptierte er, dass er seine Sexualität ganz frei von Schuldgefühlen leben durfte. Er wurde ruhiger und zuversichtlicher, seine Unruhezustände klangen ab. Hin und wieder breitete sich ein Lächeln auf seinem Gesicht aus.

Menschen wie Joachim S. müssen nicht nur ihre eigenen Gewissensbisse überwinden. Wenn sie offen zu ihrer Liebesbeziehung stehen, müssen sie auch fürchten, ihre Anstellung zu verlieren. Joachim S. kann suspendiert werden, man kann ihm seine Lehrerlaubnis und sein Recht auf Amtsausübung entziehen. Auch die Gehaltszahlungen können ausgesetzt werden. Dennoch wäre das Keuschheitsgelübde nach wie vor wirksam. Erst wenn er auf seine eigene Bitte hin vom Papst aus dem Klerikerstand enthoben wird (man spricht auch von Laisierung), ist er vom Zölibat befreit. Dann kann er reinen Gewissens in einer sexuellen Partnerschaft leben. Ein Priester kann zwar laisiert werden, auch ohne darum gebeten zu haben, aber eine solche Entlassung gilt als schwere kirchliche Strafe und beinhaltet zudem nicht die Befreiung vom Zölibat.

Wer als katholischer Geistlicher in den Laienstand versetzt wird, muss beruflich noch einmal ganz von vorne anfangen. Er ist zwar nach wie vor ein Priester, aber eben ein abgefallener. Die katholische Kirche wird ihn in der Regel nicht mehr anstellen. Wenn er Glück hat, kann er noch als Religionslehrer arbeiten – natürlich nicht in einer katholischen Einrichtung. Einhergehend mit dieser beruflichen Unsicherheit wird er einen sozialen Abstieg verkraften müssen. Während er als Priester einen gesellschaftlich anerkannten Beruf hatte, der mit einer gewissen Würde verbunden ist, ist er nach einer Laisierung erst einmal nichts. Und er wird sich fragen, ob er die richtige Entscheidung getroffen hat. Er wird vielleicht das Gefühl haben, versagt zu haben, und es ist wahrscheinlich, dass dieses Gefühl durch die Kirche multipliziert wird. Für viele Kleriker wird er als Abtrünniger gelten, als jemand, der zu schwach ist und es einfach nicht geschafft hat, seinen Trieben standzuhalten. Wenn sich ein Geistlicher verliebt, dann überlegt er sich deshalb gut, ob er öffentlich zu seinen Gefühlen steht oder sie geheim hält. Vor einigen Jahren wurde der Fall eines katholischen Pfarrers bekannt, der eine Beziehung zu einer Kirchenmitarbeiterin angefangen hatte. Die beiden waren sehr verliebt und wollten zusammenbleiben. Daraufhin ging der Pfarrer zum zuständigen Bischof und erklärte ihm die Lage. Der Bischof seufzte tief, als er das hörte, und sagte: »Sie sind doch ein guter Pfarrer, wir möchten sie ungern verlieren. Warum muss denn alle Welt davon erfahren?« Er deutete also an, dass er seine Position als katholischer Priester behalten könne, wenn er seine Beziehung geheim hielte. Für den Pfarrer war das keine Option. Er wollte seine Liebe nicht mehr verstecken, und er wollte nicht für etwas stehen, dem er selbst nicht gerecht werden konnte. Daraufhin wurde er entlassen. Es spielte keine Rolle, dass er in seiner Gemeinde beliebt war und sehr gute Zeugnisse hatte. Dieser Pfarrer aber konvertierte zum evangelischen Glauben und konnte so wieder als Pfarrer arbeiten. Auch seine Partnerin fand bei der katholischen Kirche keine Anstellung mehr. Sobald herauskam, wer ihr Mann war, galt sie als diejenige, die einen Pfarrer seiner Kirche entrissen hatte. Manche Pfarrer nutzen inzwischen die Möglichkeit zu konvertieren, um den erwählten Beruf weiter auszuüben zu können. Das theologische Studium wird anerkannt, und die spezifischen Handlungsabläufe in der Liturgie können in einem Kurs gelernt werden. In der Regel kann man dann ohne große Probleme in den Dienst der evangelischen Kirche übernommen werden. Dieser Vorgang ist relativ unkompliziert, und man mag sich fragen, warum nicht alle katholischen Pfarrer, die Schwierigkeiten mit dem Zölibat haben, zum evangelischen Glauben wechseln. Aber es gibt etliche, denen das nicht möglich ist. Sie sind tief im katholischen Glauben verwurzelt und würden sich in einer anderen Kirche fremd fühlen. Auch hier kann man wieder die Parallele zwischen Kirche und Familie bemühen. Ähnlich wie ein Kind sich nicht einfach von seiner Familie trennen kann, um zu einer anderen zu wechseln, können diese Menschen nicht konvertieren. Selbst wenn die katholische Kirche sich von ihnen abwendet, können sie sie nicht verlassen. Wer von Kindheit an mit dem eher mystischen Verständnis von Religion vertraut ist, dem werden die opulenten Kirchen, der Weihrauch und die Eucharistiefeier fehlen. Ich kenne einige katholische Priester, die sich nach ihrer Entlassung aus ihrem Amt noch immer in der katholischen Kirche beheimatet fühlen. Sie sind nach wie vor im katholischen Glauben verwurzelt und möchten auch die Kirche als Institution dieses Glaubens nicht missen. Ein prominentes Beispiel für einen solchen Fall ist der Theologe Eugen Drewermann. Dem Priester wurden 1992 Lehr- und Predigtbefugnis entzogen, unter anderem, weil er öffentlich die Jungfrauengeburt als biologische Tatsache angezweifelt hatte. Kurze Zeit später wurde er suspendiert. Immer wieder wurden seine öffentlichen Äußerungen vonseiten der Kirche kritisiert. Dennoch hielt er lange an seiner Zugehörigkeit zum Katholizismus fest, bevor er 2005 aus der Kirche austrat. Ein anderes prominentes Beispiel ist der österreichische Theologe und Publizist Adolf Holl. Er geriet mit seiner Kirche in Konflikt, weil er unter anderem den Sinn kirchlicher Ämter in Zweifel zog. 1976 wurde er suspendiert, nachdem er öffentlich zugegeben hatte, eine Freundin zu haben. Bis heute bringt er es nicht übers Herz, aus der katholischen Kirche auszutreten.

Die Abkehr vom Körperlichen: Evangelische Lustfeindlichkeit

Während die römisch-katholische Kirche ihren Amtsträgern die genitale Sexualität verbietet, ist es evangelischen Geistlichen erlaubt, zu heiraten und innerhalb der Ehe auch ihre Sexualität zu leben. Dennoch ist die Lustfeindlichkeit im Protestantismus teilweise sogar extremer als im Katholizismus. Dabei hatte Martin Luther eine sehr positive Einstellung zur körperlichen Liebe. Von ihm stammt der Spruch: »In der Woche zween, schadet weder ihr noch ehm.« Mit anderen Worten, er hielt Geschlechtsverkehr zweimal in der Woche für vertretbar. Den Zölibat lehnte er ab. Mit dieser Haltung begann seine reformatorische Bewegung.

Die Reformationsbewegung, die von den Schweizern Johannes Calvin (1509–1564) und Huldreich Zwingli (1484–1531) ausging, war deutlich lustfeindlicher. Sie stimmten zwar mit Luther überein, dass allein die Gnade Gottes die Menschen von ihren Sünden befreien kann, ihre Einstellung zu körperlichen Freuden war jedoch weitaus rigider.

Ausgehend von seiner Prädestinationslehre, stellt sich Calvin die gottgewollte Lebensweise asketisch und arbeitsreich vor. Gott habe bereits die Menschen bestimmt, die für das ewige Leben vorgesehen seien. Wer nicht auserwählt sei, könne auch durch gute Taten und ein gottesfürchtiges Leben nichts mehr daran ändern. Erkennen könne man die Auserwählten an besonderem Arbeitswillen und enthaltsamer Lebensweise. Als Resultat dieser Lebensweise stellt sich oft ein gewisser Reichtum ein. Wer aber sein Geld gleich wieder ausgebe, um es sich gutgehen zu lassen, könne kaum zu den Auserwählten zählen. Aus diesem Grund sollen die Menschen weder übermäßig essen noch übermäßig trinken und auch ihre Sexualität eher als Pflicht zur Fortpflanzung in der Ehe begreifen. Alles, was Freude bereitet, ist verpönt, weil es zeigt, dass man wahrscheinlich nicht für das ewige Leben vorgesehen ist. Bei religiösen Bauten wird auf jegliche Verzierung, auf Farben und auf Bilder verzichtet. In den nach Calvin und Zwingli reformierten Kirchen findet man keine opulenten Fresken, keine Spur von Luxus und Prunk. Der Französische Dom in Berlin ist ein gutes Beispiel hierfür. Trotz seiner beeindruckenden Größe findet man innen vor allem Schlichtheit, keine Bilder, klare Strukturen. Nichts soll vom Gedanken an Gott ablenken. Ganz anders sind da die reichverzierten Kathedralen der Katholiken, in denen Bilder die Bibelgeschichten erzählen. Auch die Geistlichen sind opulenter gekleidet. Die katholischen Priester treten in hellen, prächtigen Gewändern auf, während die protestantischen Pfarrer in schlichtem Schwarz den Gottesdienst begehen. Hier zeigt sich, dass die Lehren Calvins und Zwinglis die sinnlichen Freuden weiträumiger zurückdrängten, als dies im Katholizismus der Fall ist.

Die lustfreundlichere Tendenz Luthers hielt nicht lange

an. Mit dem Aufkommen des Pietismus nach dem Dreißig-
jährigen Krieg (1618–1648) tritt eine Wende ein. Während
es auf der einen Seite aufklärerische Bestrebungen gibt, die
Bibel aus dem Blickwinkel der Vernunft zu lesen und alther-
gebrachte Werte zu hinterfragen, bildet sich innerhalb der
evangelischen (auch in der nach Calvin und Zwingli reformierten) Kirche eine Bewegung, die die Schriften der Bibel
wieder wörtlich nimmt. Wenn es heißt, »Jesus ging über den
See Genezareth«, geht man davon aus, dass es genau so gewesen ist. Im Pietismus gilt die Bibel selbst als die Instanz,
der unmittelbar zu glauben ist. Während Luthers Einfluss als
Reformator ungebrochen ist, verlieren seine theologischen
Ansichten an Bedeutung.

Stattdessen werden die lustfeindlichen Texte des Paulus
wieder mehr beachtet. Sätze wie »Es ist gut für den Mann,
keine Frau zu berühren« (Röm 7, Vers 1) gewinnen wieder an
Bedeutung. So setzen sich im Pietismus die lustfeindlichen
Strömungen des Protestantismus endgültig durch. Wo die lutherischen und die reformatorischen Kirchen, die auf Zwingli
und Calvin zurückgehen, nicht uniert sind, sind sie sich zumindest in einem einig: Sie lehnen alles Körperliche ab.

Sicher wird das heute nicht mehr in aller Deutlichkeit vertreten, aber auch im Protestantismus, insbesondere in pietis-
tischen und anderen konservativen Kreisen, gilt der Beischlaf
außerhalb der Ehe als sündig. Auch hier werden Jugendliche
über die angeblich verheerenden Folgen der Onanie »aufge-
klärt«. Auch hier gilt derjenige, der sich an diese rigide Sexualmoral hält, als näher bei Gott.

Katholische und evangelische Kirche sind sich darin einig,
dass Sexualität nur innerhalb der Ehe stattfinden darf. So-

wohl Katholiken als auch Protestanten – wenn sie sich an die Morallehre ihrer Kirche halten – dürfen ihre Sexualität bis heute nicht unbefangen leben. Nicht nur die zölibatär Lebenden verdrängen ihre Sexualität, auch diejenigen, die in ihrer christlichen Sozialisation erfahren haben, dass es sündig ist, die Genitalien zu berühren. Diese Menschen haben Schwierigkeiten, zu einer gesunden, erfüllenden Sexualität zu finden. Generationen junger Christen können das bezeugen. In meiner Praxis habe ich täglich mit Menschen zu tun, die sich bis ins Erwachsenenalter von dieser Sexualmoral nicht befreien konnten. Sie tun alles dafür, um nicht mit ihrem Gewissen in Konflikt zu kommen. Das kann manchmal sehr skurrile, krankhafte Formen annehmen.

Folgen christlicher Sexualmoral

Eine meiner Patientinnen wurde seit ihrem fünften Lebensjahr von ihrem Vater sexuell missbraucht. Ihr Vater war evangelischer Pfarrer. In seinen Predigten hörte sie ihn eindringlich vor der Versuchung des Fleisches warnen. Sie sah ihren Vater auf der Kanzel stehen und versuchte zu verstehen, dass hier der gleiche Mann sprach, der sich nachts an ihr verging. Als sie älter wurde, nahm sie sich ein Herz und sagte: »Papa, das dürfen wir doch nicht tun.« Aber der Vater sagte: »Doch, wir dürfen das. Im ersten Buch Mose steht doch, dass Lot Sex mit seinen Töchtern hatte. Und wenn es in der Bibel steht, ist es richtig.« Damit war das Argument der Tochter entkräftet.

Um zu begreifen, was mit Menschen passieren kann, die sich ihre körperliche Lust verbieten, muss man verstehen, wie wichtig Sexualität ist. Psychoanalytisch gesehen ist der Sexualtrieb einer der wesentlichen Urtriebe. In ihm liegt eine Kraft, die sich lustvoll entfalten und gestalterisch nutzen lässt. Alles, was wir mit Leidenschaft tun, ist in gewisser Weise auch sexuell motiviert. Sexualität steht für das Sinnliche, Vitale, Kreative im Menschen. Wenn sie also nicht beachtet wird und unterentwickelt ist, woher soll dann unsere Leidenschaft und unsere Vitalität kommen?

Auch in der Liebe ist Sexualität natürlich ein wichtiger Aspekt. Beim Verlieben spielt körperliche Anziehungskraft eine wesentliche Rolle. Innerhalb einer Liebesbeziehung ist die Sexualität ein bindendes Element. Doch auch in anderen zwischenmenschlichen Beziehungen ist Sexualität mal mehr, mal weniger auf subtile Weise präsent. Zwischen Kindern und Eltern ebenso wie zwischen Arbeitskollegen oder Freunden. Sexualität hat also einen nicht zu unterschätzenden sozialen Effekt.

Nach Sigmund Freud sind wir bereits sexuelle Wesen, wenn wir geboren werden. Wenn ein Mensch vom Kind zum Jugendlichen und schließlich zum Erwachsenen heranreift, gehört zu diesem Prozess selbstverständlich auch die Ausbildung einer erwachsenen Sexualität. Je natürlicher und selbstverständlicher Sexualität als Teil unseres Lebens akzeptiert wird, desto natürlicher und »normaler« kann sie sich entwickeln.

Ein Kleinkind geht noch ganz unbefangen mit seinem Geschlecht um, es interessiert sich offen dafür, wie es aussieht und welche Gefühle sich damit erzeugen lassen. In der Pubertät sieht ein junger Mensch, wie sich seine Geschlechtsmerkmale verändern, und er beginnt Scham zu entwickeln. Er mag sich nicht mehr nackt zeigen. Gleichzeitig erwacht das Interesse an sexuellen Handlungen. Sexuelle Wünsche und Phantasien entwickeln sich, er verliebt sich, vielleicht gibt es erste sexuelle Erfahrungen. Der Jugendliche nimmt wahr, wen er attraktiv findet und was ihn sexuell erregt. Durch diese Beschäftigung mit der eigenen Sexualität erfährt er, ob er sich eher zu Männern oder Frauen hingezogen fühlt oder vielleicht sogar zu beiden. Diese Erkenntnis ist fundamental, um zu einer erwachsenen, reifen sexuellen Identität zu finden.

Viele junge Menschen, die mit achtzehn oder neunzehn ins Priesterseminar oder in ein Kloster gehen, haben sich kaum mit ihrer Sexualität beschäftigt, wenn sie sich für ein zölibatäres Leben entscheiden. Etliche haben in ihrer Kindheit auch kein unbefangenes Verhältnis zu ihrer Sexualität entwickeln dürfen. Die wenigsten haben sexuelle Erfahrungen. Entsprechend haben sie keine Ahnung, worauf sie verzichten, wenn sie das Keuschheitsgelübde ablegen. Während sie äußerlich zu einem erwachsenen Menschen werden, befinden sie sich sexuell auf dem Entwicklungstand eines Jugendlichen. Ich habe Menschen kennengelernt, die mit Mitte vierzig noch nicht wussten, ob sie sich eher von Männern oder von Frauen angezogen fühlten (oder von beiden). Sie hatten sich zu wenig bewusst mit ihrer Sexualität auseinandergesetzt, oft kam noch dazu, dass sie ihre sexuelle Orientierung einfach nicht akzeptieren konnten. Trotz ihres Alters waren sie unerfahren wie Teenager. Problematisch wird das dann, wenn diese Menschen mit Kindern und Jugendlichen arbeiten. Denn wer sexuell auf dem Entwicklungsniveau eines Teenagers ist, findet auch eher Menschen in dieser Altersklasse attraktiv. Es gibt Untersuchungen, die zeigen: Erwachsene, die sich sexuell auf Minderjährige einlassen oder diese gar sexuell missbrauchen, können oft nicht sagen, ob sie hetero- oder homosexuell sind. In meiner Praxis als Psychoanalytiker erlebe ich dieses Phänomen vor allem bei Geistlichen, die ihre Sexualität schon seit ihrer Kindheit unterdrücken mussten. Sie sind dann oft an sehr jungen Menschen interessiert.

Eine Studie, die im Jahr 2004 erschien, hat sich mit dem Ausmaß von sexuellen Übergriffen durch Priester und Diakone befasst. Sie wurde von der katholischen Bischofskonferenz in den USA in Auftrag gegeben, bekannt wurde sie als John-Jay-Studie. Es stellte sich heraus, dass die Mehrzahl der Opfer zwischen elf und fünfzehn Jahre alt war (über 60 Prozent). Ein Großteil der Täter scheint sich also von pubertierenden Menschen angezogen zu fühlen, die sich emotional und sexuell noch entwickeln. Das deutet darauf hin, dass die Missbrauchenden selbst noch unreif sind und sich unbewusst von Menschen angezogen fühlen, die sich auf dem gleichen Entwicklungsstand wie sie selbst befinden.

Nicht immer kann man diesen Geistlichen helfen, indem man ihnen ihre sexuelle Neigung »wegtherapiert«. In diesem Zusammenhang sind die Begriffe »Pädophilie« und »Ephebophilie« wichtig. Nach medizinischen Maßstäben ist jemand pädophil, wenn über einen Zeitraum von mindestens sechs Monaten immer wieder intensive sexuelle Phantasien, Impulse oder Verhaltensweisen mit vorpubertären Minderjährigen, also Kindern unter vierzehn Jahren, nachweisbar sind. Dagegen spricht man von Ephebophilie, wenn sich jemand zu Jugendlichen im Alter zwischen vierzehn und siebzehn Jahren hingezogen fühlt. Man unterscheidet zwischen Fällen von regredierter und fixierter Pädophilie (entsprechend auch Ephebophilie). Regredierte Pädophile sind sexuell eigentlich an Erwachsenen interessiert, aber Angst, Stress und Enttäuschung haben bewirkt, dass sie auf einer früheren sexuellen Stufe stehen geblieben oder darauf zurückgefallen sind. Diese Menschen fühlen sich einer Beziehung zu einem Erwachsenen nicht gewachsen, deshalb wenden sie sich jemandem zu, dessen emotionaler und sexueller Entwicklungsstand ihrem eigenen entspricht. Die regredierte Pädophilie ist behandelbar. Wer daran leidet, hat die Möglichkeit, an seiner sexuellen Identität zu arbeiten, bis er sich ohne Angst auf sexuelle Kontakte mit Gleichaltrigen einlassen kann. Anders ist das bei einer Fixierung. Davon spricht man, wenn sich jemand in keiner Weise sexuell von Erwachsenen angesprochen fühlt. Für diese Menschen steht dann meist die Beschäftigung mit Kinderpornographie und zwanghaftes Masturbieren im Vordergrund. Wenn es sexuelle Übergriffe auf Kinder oder Jugendliche gibt, dann sind diese oft von langer Hand geplant. Um das Ziel zu erreichen, wird oft betrogen und erpresst. Diese Form der Pädophilie beziehungsweise der Ephebophilie ist nicht behandelbar. Man kann mit dieser sexuellen Neigung nur insoweit therapeutisch umgehen, als es gilt, diese Variation des menschlichen Sexualverhaltens zwar zu akzeptieren, aber nicht auszuleben. Insbesondere ist es wichtig, dass Menschen, die darunter leiden, auf Kontakte mit Kindern und Jugendlichen verzichten.

Also ist auch bei fixierter Pädophilie eine Therapie sinnvoll, um dem Betroffenen zu einem sozialverträglichen Umgang mit seiner sexuellen Orientierung zu verhelfen. Seine Vorliebe für Kinder oder Jugendliche wird man jedoch nicht wegtherapieren können.

Neben der Vorliebe für junge Geschlechtspartner fällt auf, dass Geistliche sehr oft homosexuell sind. Die John-Jay-Studie ergab, dass 80 Prozent der Missbrauchsopfer männlich waren. Verschiedene Befragungen in Priesterseminaren ergaben außerdem, dass etwa 50 Prozent der Anwärter homosexuell sind. Da Sexualität zwischen Gleichgeschlechtlichen aber noch weniger geduldet wird als Heterosexualität, ist ihre sexuelle Orientierung für viele Homosexuelle innerhalb der Kirche ein zusätzliches Problem. Sie verdrängen dann nicht nur ihr sexuelles Verlangen, sondern auch, welche Partner sie eigentlich bevorzugen. Sehr oft entstehen so körperliche und seelische Symptome.

Viele katholische Priester sind nachweislich in ihrer psychischen Reife unterentwickelt. Sie haben große Probleme, persönliche, freundschaftliche Beziehungen einzugehen, weil sie oft das richtige Maß zwischen Nähe und Distanz nicht finden. Da sie ihre Sexualität verleugnen müssen, geraten sie in Schwierigkeiten, sobald sie etwa Erotik in einer zwischenmenschlichen Beziehung wahrnehmen. Sie sind nicht in der Lage, ihre Sexualität als etwas Positives, Bereicherndes wahrzunehmen. Damit sind sie letztendlich auf einer vorjugendlichen oder jugendlichen Stufe stehen geblieben. Oft verstehen sich die Täter selbst nicht. »Ich komme mir manchmal wie ein Schwein vor«, sagte neulich ein Patient zu mir, der in seiner Funktion als Pfarrer mehrfach Jugendliche sexuell missbraucht hatte. Er arbeitete auch als Religionslehrer und konnte kaum den Blick vom Busen seiner pubertierenden

Schülerinnen nehmen. Vor allem die Mädchen zwischen zehn und fünfzehn Jahren hatten es ihm angetan. Er sah für sich keine Möglichkeit, diesem Sog, den sie auf ihn ausübten, zu widerstehen. Zu Hause sah er sich Kinderpornos an. Sehr langsam lernt er jetzt, sich den sexuellen Kontakt mit Gleichaltrigen zuzutrauen.

Wenn ich mit zölibatär lebenden Priestern zu tun habe, bin ich immer erstaunt, wie viel Energie diese aufwenden müssen, um ihre Gefühle zu unterdrücken und sich von allen vermeintlich schädlichen Einflüssen fernzuhalten. In dieser Weise schafft der Zölibat keine Kapazitäten, sondern bindet sie. Die Verdrängung von körperlichen Bedürfnissen braucht mehr Kraft und Aufmerksamkeit, als die Ehelosigkeit freisetzen kann.

Sexualität lässt sich nicht verleugnen. Bei Horaz heißt es: »Mag man die Natur auch mit der Heugabel austreiben. Sie kehrt immer wieder zurück.« Was in Bezug auf Sexualität bedeutet: Wenn man sie verdrängt, wird sie immer wieder ein Schlupfloch finden, um sich zum Ausdruck zu bringen. In diesem Sinne halte ich die prunkvollen, teuren Gewänder, manche Wohnungen und Bischofssitze der katholischen Kirche für eine Folge der Lustfeindlichkeit, gleichsam als Kompensationsmöglichkeit, um die Verweigerung von Intimität, Nähe und genitaler Sexualität besser ertragen zu können. In vielerlei Hinsicht kann die Lust am hochwertigen, teuren und äußeren Luxus ein Ersatz für nicht gelebte und körperliche Lust sein.

Sehr oft führt die Unterdrückung von Sexualität auch zu Scham- und Schuldgefühlen sowie zu Aggressivität. Wenn zum Beispiel eine Zwölfjährige von der Mutter beim Masturbieren erwischt wird und die Mutter sagt: »Das darfst du nicht tun. Wenn Gott das sieht, wirst du bestraft.« Dann erzeugt das zunächst ein Schamgefühl bei der Tochter. Sie macht sich Vorwürfe, dass sie etwas Schlechtes getan hat. Durch diesen Mechanismus entsteht Aggression, und diese kann sich gegen sie selbst richten. Das zwölfjährige Mädchen könnte, wenn es mit seinen Gefühlen nicht zurechtkommt, zum Beispiel anfangen, sich die Arme aufzuritzen oder magersüchtig werden. Aber diese Aggression kann sich auch gegen andere richten und in Gewalt ausarten. Aggressive Reaktionen sind umso stärker, je mehr Gewalt in der Kindheit eine Rolle spielte. Wenn ein Mensch schon sehr früh mit Gewalt konfrontiert wird, hat er oft ein hohes aggressives Potential.

Der Zusammenhang von Aggression und verdrängter Sexualität wird in den Analysen immer wieder deutlich. Zum Beispiel auch bei einer Ordensschwester, die ich Schwester Erika nennen möchte.

Schwester Erika war Mitte fünfzig, als ich sie kennenlernte. Sie betrat meine Praxis zaghaft, mit gebeugtem Kopf und sehr vorsichtigen Bewegungen, so als würde sie jeden Moment damit rechnen, beschimpft oder geschlagen zu werden. In ihrer scheuen Art erinnerte sie mich trotz ihres Alters an ein verschüchtertes Kind. Ihre großen hellen Augen irrten durch den Raum, und wenn sie einmal zufällig auf mich fielen, wandte sie schnell den Kopf und starrte auf ihre Füße. Blickkontakt war mit ihr in den ersten Stunden der Behandlung nicht möglich. Man hatte sie zu mir geschickt, weil beobachtet worden war, wie sie ein Tier gequält und sogar sexuelle Handlungen mit ihm ausgeführt hatte.

Als ich sie nach ihrer Kindheit befragte, erzählte sie, dass sie auf einem abgelegenen Bergbauernhof groß geworden sei. Sie und ihre zehn Geschwister mussten schon früh mithelfen und zum Teil hart arbeiten, liebevolle Zuwendung bekamen sie selten. Die Eltern zeigten deutlich, dass sie eigentlich lieber weniger Kinder gehabt hätten. Schwester Erika erinnerte sich, dass häufig gestraft wurde. Die Jungen bekamen Prügel auf das entblößte Hinterteil. Erika und ihre Schwestern mussten sich auf einen Holzscheit knien und je nach Verfehlung eine bestimmte Anzahl Rosenkränze beten. Erika kniete dort, wenn sie Milch verschüttet hatte oder nicht gleich gekommen war, wenn der Vater sie gerufen hatte. Die Geschwister standen einander wenig bei. Jeder versuchte sich durchzulavieren, ohne allzu viel Ärger mit den Eltern zu bekommen. Es gab Gefühle, die sie verwirrten und erschreckten. Manchmal zum Beispiel, wenn sie die Brüder schreien hörte, während diese verprügelt wurden, spürte sie, wie sich ein warmes Gefühl in ihrem Bauch ausbreitete. Wenn sie selbst auf dem Holzscheit kniete und beten musste, wurde sie manchmal unendlich traurig. Einmal warf sie in dieser Verfassung Steine nach der Katze. Als sie hörte, wie das Tier vor Schmerz aufschrie, ging es ihr besser. Obwohl sie wusste, dass es nicht gut war, musste sie es immer wieder tun. Später nahm sie sich manchmal heimlich die Rute, mit der der Vater die Brüder züchtigte, ging in den Stall und schlug damit auf die Rücken der Kühe und Schafe ein. Irgendetwas trieb sie, immer wieder zuzuschlagen. Aufhören konnte sie erst, wenn sie sicher war, dass die Tiere Schmerz empfanden. Mit vierzehn verließ sie den Hof ihrer Eltern und besuchte eine Haushaltsschule, die von einer Schwesternkongregation betrieben wurde. Dort gefiel es ihr so gut, dass sie nach der Ausbildung in die Kongregation eintrat und Nonne wurde. Es fiel ihr leicht, sich anzupassen und unterzuordnen. Zu den anderen Schwestern hatte sie nur den nötigsten Kontakt, sie sprach wenig und widmete sich ganz ihren Aufgaben. Da sie aus der Landwirtschaft stammte und die Schwesternschaft auch landwirtschaftliche Nutztiere wie Kühe, Schafe und Schweine hatte, wurde sie beauftragt, sich um den Stall und die Tiere zu kümmern.

Als sie dreißig war, begann sie davon zu träumen, von Männern gequält und erniedrigt zu werden. Wenn sie aufwachte, hatte sie dieses drängende Gefühl im Unterleib, das sie kennengelernt hatte, als der Vater die Brüder schlug.

Manchmal, wenn sie alleine war, spürte Schwester Erika eine starke Wut in sich, sie wusste sich dann nicht anders zu helfen, als in ihrem Zimmer gegen das Bettgestell oder gegen den Schrank zu treten. Wenn sie dann mit den Tieren zusammen war und niemand zusah, schlug sie auf sie ein. Dazu benutzte sie den Haselnussstock, mit dem sie die Tiere von der Weide trieb. Danach fühlte sie sich entsetzlich schuldig und betete viel. Oft kniete sie die halbe Nacht auf einem Holzscheit in ihrem Zimmer, um für ihre Taten zu büßen. Dabei hatte sie häufig das Gefühl, Jesus Christus sei bei ihr im Raum, in Gestalt eines Lammes. Und wieder hatte sie dann dieses drängende Gefühl zwischen den Beinen, warm, einnehmend und verwirrend. Sie glaubte, diese Gefühle seien Teil der Erscheinung, und sie begann, sich nach diesen Zuständen zu sehnen. Manchmal suchte sie regelrecht nach einem Grund, der sie zwang, sich wieder büßend auf den Holzscheit zu knien und das »Lamm Gottes« zu erwarten. In dieser Zeit hatte sie dann ein Erlebnis mit einem echten Schaf: Sie war dabei, die Tiere auf der Weide zusammenzutreiben. Eines der Schafe, zu dem sie eine besonders enge Beziehung hatte, schob dabei seinen Kopf zwischen ihre Beine. Das Gefühl überwältigte sie, instinktiv hob sie ihren Rock und rieb ihren Unterleib an dem Tier. Die Laute, die sie dabei von sich gab, kamen ihr fremd vor. Erst als sie wieder zu sich kam, begriff sie, was passiert war. Sie wusste kaum, wohin mit sich vor Scham. Stundenlang wollte sie sich wieder betend auf das harte Holzscheit knien, um dieses Vergehen zu verbüßen. Da fiel ihr das Lamm Gottes ein, und plötzlich schien es ganz klar: Dieses Schaf auf der Weide und das Lamm Gottes waren identisch. Das Lamm Gottes war nun am Tag zu ihr gekommen, nur so konnte sie sich die merkwürdigen Gefühle erklären, die es bei ihr ausgelöst hatte. Diese Vermutung wurde im Laufe der nächsten Wochen und Monate zur Gewissheit. Sie nahm nun täglich Kontakt mit dem Schaf auf. Manchmal schlug sie es mit der Haselrute, das musste sie tun, denn das stand für das Leid, das das Lamm auszuhalten hatte. Mit den Schlägen machte sie das Leid nur sichtbar. An anderen Tagen schob sie wieder den Kopf des Tieres zwischen ihre Beine. Sie stellte sich vor, dass sich so die Vereinigung mit Christus anfühlen musste.

Mit den anderen Schwestern sprach Schwester Erika nicht über ihre Begegnungen mit dem Lamm Gottes. Sie nahm immer weniger am Geschehen in der Kongregation teil. Lieber blieb sie für sich und verbrachte ihre Zeit mit den Tieren, insbesondere dem Schaf, das sie für das Lamm

Gottes hielt. Offenbar fiel auf, dass sie sich absonderte. Eine Mitschwester beobachtete Schwester Erika schließlich dabei, wie sie auf das Schaf einschlug. Als Schwester Erika zur Rede gestellt wurde, berichtete sie, dass Lamm Gottes sei zu ihr gekommen. Für sie war das nun so gewiss wie der Aufgang der Sonne am Morgen. Kein Argument der Welt konnte sie von dieser Überzeugung abbringen. Auch als man sie in eine Klinik brachte, blieb diese Überzeugung erhalten. Sie hatte eine Wahnkrankheit entwickelt, die weder durch Gespräche noch durch Medikamente zu behandeln war. Beharrlich blieb sie bei der Ansicht, das Lamm Gottes sei zu ihr gekommen.

Ein Wahn ist eine Fehlbeurteilung der Realität, an der mit subjektiver Gewissheit festgehalten wird. Diese Realitätsverzerrung entsteht oft bei Menschen, die mit dem Widerspruch zwischen Handlungsideal und dem eigenen Handeln überfordert sind. Ich erlebe das häufig bei sehr gläubigen Menschen, die gegen die christliche Ordnung verstoßen und vermeintlich schwere Sünden begehen. Sehr oft geht es dabei um das Ausleben der Grundtriebe: Sexualität und Aggression. So war es auch im Falle Schwester Erikas. Als Ordensfrau war sie ständig bemüht, weder mit Sexualität noch mit Aggression in Berührung zu kommen. Da sie aber von diesen Triebkräften übermannt wurde, musste sie diese in Beziehung zu Gott setzen. Die Entwicklung des Wahns gab ihr die Möglichkeit, ihre Zuwiderhandlungen psychisch zu überleben. Ohne diese Realitätsverzerrung hätte sie ihre Tat so beschämt, dass sie unter Umständen keine andere Möglichkeit gesehen hätte, als sich das Leben zu nehmen. Ich versuchte also, mit ihr und ihrem Wahn so umzugehen, dass sie damit leben konnte. Dabei war für sie wichtig, dass die Außenwelt sie verstehen konnte. Der Wahn sollte sie nicht weiter in die Isolation treiben. Deshalb stand in der Behandlung ihr Umgang mit den Trieben im Vordergrund. Sie musste lernen, dass die Aggression ebenso zu ihr gehörte wie die Sexualität. Für Schwester Erika war das ein großer Schritt. In ihrem ganzen bisherigen Leben hatte sie nicht über Sexualität gesprochen. Nicht eine einzige lustvolle Erfahrung durfte sie schuldlos genießen. Als sie dann plötzlich mit sexuellen Gefühlen konfrontiert war, war sie vollkommen überfordert. Wichtig war in der Behandlung auch, dass Schwester Erika lernte, sich selbst so anzunehmen, wie sie ist. Da sie auch liebevolle Fürsorge kaum kennengelernt hatte, hatte sie keine Erfahrung mit Menschen. Sie wusste gar nicht, wie man einen engen sozialen Kontakt knüpft, eine Freundschaft oder eine Liebesbeziehung. Den Umgang mit Tieren kannte sie jedoch gut, deshalb suchte sie dort, was sie bei den Menschen nicht finden konnte. Sie musste erfahren, dass sie ein liebenswerter Mensch ist, um Beziehungen zu anderen Menschen eingehen zu können.

Ungezwungener Umgang mit der eigenen Sexualität ist enorm wichtig für die geistige und körperliche Gesundheit eines Menschen. Je mehr Sexualität zurückgedrängt wird, desto stärker wird sie an anderer Stelle hervorbrechen. Problematisch für den zwischenmenschlichen Bereich wird verdrängte Sexualität vor allem, wenn ein deutliches Machtgefälle besteht.

Kapitel 3

Macht und Missbrauch

Inzwischen ist bekannt, dass viele Mitarbeiter der Kirche ihre Macht missbraucht haben. Sexuelle Übergriffe, körperliche Züchtigungen und subtile Gewalt waren und sind in etlichen Einrichtungen präsent. Viele der ehemaligen Opfer haben sich nach jahrelangem Schweigen entschieden, über ihre Erlebnisse zu sprechen. Männer und Frauen machen ihr Leiden öffentlich und damit auf einen Missstand aufmerksam. Zu den Betroffenen gehören als Opfer oder Täter auch viele meiner Patienten. Auffällig ist, dass die Täter immer hierarchisch höher stehen und so Macht über ihre Opfer haben. Die Opfer sind Laien und niedrigere Amtsträger. Die Mächtigen nutzen den Gehorsam der Untergebenen aus. Die strenge Hierarchie insbesondere der katholischen Kirche begünstigt Missbrauch nicht nur. Ich gehe sogar so weit und sage, sie macht ihn erst möglich.

Hierarchie: Willkür und Gehorsam

Macht verführt zu Missbrauch. In jeder Firma, Schule oder Universität gibt es Machtgefälle, die auf die eine oder andere Art ausgenutzt werden. Dass Missbrauch von Macht in der Kirche so verbreitet ist und so häufig im sexuellen Bereich stattfindet, liegt meiner Ansicht nach daran, dass grundlegende menschliche Triebe wie Sexualität und Aggression hier in besonderem Maß verdrängt werden.

Wenn Macht die Chance ist, den eigenen Willen auch gegen einen Widerstand durchzusetzen, dann wird sie missbraucht, wenn jemand einem anderen seinen Willen aufzwingt. Dabei spielt Abhängigkeit eine große Rolle. Der Mächtige kann seine Macht ausnutzen, um seinen Willen durchzusetzen. Dabei nimmt er in Kauf, dass er dem Abhängigen Schaden zufügt. Er stellt sein Wohl über das des anderen. Jeder Vorgesetzte, der seinem Angestellten ein Mitspracherecht zu seiner Arbeit versagt, missbraucht damit schon seine Macht, ebenso ein Polizeibeamter, der willkürlich eine Strafe festsetzt, oder ein Vater, der sein Kind verprügelt.

Abhängigkeit ist immer dann gegeben, wenn der andere nicht die Chance hat, nein zu sagen, und sexueller Missbrauch fängt meiner Ansicht nach nicht erst bei einer Vergewaltigung an. Missbrauch ist auch, wenn zum Beispiel ein Lehrer einer Schülerin in den Ausschnitt starrt oder mit Absicht so dicht an ihr vorbeigeht, dass er ihre Brust berührt. Wenn die Schülerin den Lehrer zur Rede stellt und ihn sogar zurückweist, muss sie befürchten, dass ihr dadurch Nachteile entstehen. Sie kann schlechte Noten bekommen, schikaniert werden, am Ende sogar sitzenbleiben. Der Lehrer missbraucht hier seine Macht, um sich sexuell zu befriedigen. Machtgefälle wie diese gibt es zum Beispiel auch zwischen Chefarzt und Assistenzärztin oder Vorgesetztem und Sekretärin. Der Vorgesetzte missbraucht seine Macht, wenn er sich seiner Sekretärin in sexueller Absicht nähert. Das Gleiche tut der Chefarzt, der seiner Assistenzärztin Avancen macht.

Selbst wenn diese darauf einginge und beteuerte, sie wolle es auch, wäre dieses Wollen möglicherweise nicht echt. Denn die Assistenzärztin muss befürchten, dass sie unter einem Vorwand gefeuert oder gemobbt wird, wenn sie den ihr vorgesetzten Arzt zurückweist. Es wäre naheliegend, wenn sie sich *nur* einreden würde, dass sie ihn auch begehrt.

Tatsächlich begegne ich in meiner Arbeit sehr oft Menschen, die lange Zeit missbraucht wurden, sich dies aber aus Scham nicht eingestehen können. Lieber machen sie sich vor, dass sie es selbst so wollten. Durch die Verdrängung ihrer eigenen Bedürfnisse entwickeln sich sehr oft auch körperliche Leiden, die psychosomatisch behandelt werden müssen.

Inzestuöse Verhältnisse

Wenn Macht von Mitarbeitern der Kirche missbraucht wird, ist es für die Opfer besonders schwierig, sich zur Wehr zu setzen. Denn wie bereits erwähnt, gleicht die Kirche nicht einem Arbeitsplatz, den man wechseln könnte, sondern einer Familie, von der man sich nicht ohne weiteres distanzieren kann. Missbrauch von Macht, insbesondere sexueller Missbrauch, durch kirchliche Amtsträger kann deshalb mit Inzest verglichen werden. Das muss man sich klarmachen, wenn man verstehen will, wie schwer Missbrauch innerhalb der Kirche wiegt. Wenn ein Vater seine Tochter sexuell missbraucht oder – was auch durchaus vorkommt – eine Mutter ihren Sohn, wenn also Eltern sich sexuell an ihren Kindern vergehen, dann ist der Missbrauch von Macht und Vertrauen ebenso drastisch, als würde ein Prior einen Ordensbruder sexuell missbrauchen. Während sich der Prior unter dem

Deckmantel der religiösen Nächstenliebe dem Bruder nähert, nähert sich der Vater dem Kind unter dem Deckmantel der Vaterliebe. Gerade in Ordensgemeinschaften findet man sehr deutlich eine Struktur, die der familiären sehr ähnlich ist. Die Ordensleute, die nicht Priester sind, werden mit Bruder oder im weiblichen Bereich mit Schwester angeredet. Wenn sie die Priesterweihe erhalten haben, werden sie Pater genannt. Mit dem Gehorsamsgelübde haben sich die Ordensleute verpflichtet, zu tun, was ein höherer Amtsträger von ihnen verlangt. Sie müssen darauf vertrauen, dass der schon das Richtige beschließen wird, ebenso wie das Kind darauf vertraut, dass die Eltern die richtigen Entscheidungen treffen.

Das Inzesttabu ist eine der wenigen ethischen Vorstellungen, die man in allen Kulturen findet, wenn auch in unterschiedlicher Ausprägung. In den europäischen Adelshäusern zum Beispiel war es lange gang und gäbe, dass Verwandte zweiten Grades heirateten, wenn es den machtpolitischen Interessen der Familien entgegenkam. Die Vetternehe war in den herrschenden Familien weit verbreitet, selbst Cousin und Cousine ersten Grades wurden vermählt. Allerdings musste dazu die Genehmigung des zuständigen Bischofs eingeholt werden.

Auch in der Bibel wird Inzest als Schande verurteilt. Da heißt es zum Beispiel: »Wenn jemand seine Halbschwester nimmt, seines Vaters Tochter oder seiner Mutter Tochter, und sie miteinander Umgang haben, so ist das Blutschande; sie sollen ausgerottet werden vor den Leuten ihres Volks.« (3. Mose 20,17) Eine Ausnahme ist die Geschichte von Lot und seinen Töchtern. Diese machen ihren Vater betrunken, um mit ihm zu schlafen. Im biblischen Text wird das Handeln der Töchter damit begründet, dass es keinen anderen Mann gibt, von dem sie Kinder bekommen konnten. Die beiden Söhne, die die Töchter in der Folge auf die Welt bringen, gründen dann je einen eigenen Volksstamm innerhalb des jüdischen Volkes. Der Vater, Lot, bekommt vom sexuellen Akt offenbar gar nichts mit. Er »wards nicht gewahr, als sie sich legte noch als sie aufstand«, heißt es (1. Mose 19,30–38). Er hat seine Töchter also offenbar nicht genötigt, mit ihm zu schlafen. Insofern trägt diese Geschichte keine Anzeichen von Machtmissbrauch, obwohl es sich um eine Inzestbeziehung handelt.

Die Traumatisierungen durch den Missbrauch durch die eigenen Eltern und durch einen Mitarbeiter der Kirche sind durchaus vergleichbar. Gläubige Christen können von ihrer Kirche ebenso abhängig sein wie Kinder von ihren Eltern. Diese haben keine Chance, ihren Vater oder ihre Mutter zurückzuweisen, denn sie fürchten, so die Liebe ihrer Eltern zu verlieren. Wenn ein Elternteil sich sexuell einem Kind nähert, dann kann dieses das Geschehen oft nicht einordnen und weiß nur sehr diffus, dass etwas passiert, das nicht in Ordnung ist. Es spürt, dass es betrogen wird, oft ohne das so ausdrücken zu können.

Da der Missbrauch immer im Geheimen stattfindet, entsteht eine Kluft zwischen den Missbrauchserlebnissen und dem »normalen« Leben. Der Täter tut im Alltag so, als sei alles wie immer, aber wenn die beiden alleine sind, zeigt er sich von einer anderen Seite. Ebenso mag sich ein sexuell unerfahrener Ordensbruder fühlen, der von einem Oberen missbraucht wird. Das missbrauchte Kind kann dadurch an seinen Sinneswahrnehmungen zweifeln. Gleichzeitig hat es oft nicht die Möglichkeit, sich mitzuteilen, um eine Realitäts-kontrolle zu erhalten. Es muss fürchten, dass ihm nicht geglaubt wird. Nicht selten setzt der Täter das Kind auch unter Druck, damit es nichts sagt. Das Umfeld reagiert häufig nicht sensibel genug auf Signale. In vielen Fällen schweigt die Mutter, wenn der Vater missbraucht, sie sieht absichtlich weg oder paktiert sogar offen mit ihm. Das missbrauchte Kind ist isoliert, es hat niemanden, mit dem es Unsicherheit, Angst und Schmerz teilen kann. Gleichzeitig fühlt es sich schuldig, denn häufig übernehmen Opfer die Schuld der Täter, weil sie ihnen übertragen wurde oder weil sie sich mit dem Täter identifizieren. In der Psychoanalyse spricht man in diesen Fällen auch von einer Introjektion des Schuldgefühls. Ein Opfer behauptet dann zum Beispiel, es hätte den Täter provoziert. Die Geschädigten empfinden so nicht nur das Elend eines Opfers, sondern auch die Scham und Schuld eines Täters.

Man schätzt, dass etwa 20 bis 25 Prozent aller Frauen Opfer intrafamiliärer Übergriffe geworden sind. Es ist davon auszugehen, dass derartige Erfahrungen ursächlich für einen Großteil aller psychischen Störungen sind. Denn eine gleichberechtigte sexuelle Beziehung zwischen einem Elternteil und seinem Kind kann es nicht geben. Ebenso wenig wie es eine gleichberechtigte Beziehung zwischen einem Ordensbruder und einem Prior geben kann. Die Beziehung zwischen einem Kind und seinen Eltern ist immer geprägt von Abhängigkeit. Selbst wenn ein Mensch erwachsen ist und für sich selbst sorgen kann, bleibt er abhängig von der Liebe der Eltern. Er will ihnen gefallen und sehnt sich nach ihrer Anerkennung.

In einem Fall hatte ich mit einem katholischen Priester zu tun, der als erwachsener Mann sexuelle Kontakte zu seiner Mutter hatte. Der Mann war damals etwa fünfzig Jahre alt, seine Mutter um die siebzig. Der Priester schämte sich deswegen, aber er sagte auch, sie seien von ihren Gefühlen übermannt worden und hätten nichts dagegen tun können. Obwohl es sich nach einem einvernehmlichen Akt anhört, würde ich in diesem Fall davon sprechen, dass die Mutter den Mann missbraucht hat. Er stand zu der Zeit in einem starken Abhängigkeitsverhältnis zu ihr und hatte keine Möglichkeit, sich dagegen zu entscheiden. Seine Angst, die Mutter zu verlieren, war zu groß.

Der Anthropologe Bronislaw Malinowski sieht noch ein weiteres Problem: Wenn beispielsweise eine Mutter ein Verhältnis mit ihrem Sohn hat, dann stört das ihre Beziehung zum Vater. Die Familie würde, wenn inzestuöse Beziehungen ständig gelebt würden, auf Dauer verschwinden und als wichtige Grundlage zur Entwicklung von Kultur wegfallen. Malinowski vertritt die Ansicht, dass eine Gesellschaft, die Inzest zulässt, nicht überlebensfähig ist. Ebenso zerstörerisch können die Missbrauchsfälle auf die Kirche wirken.

Während Familien weiterbestehen, wenn alle Beteiligten eines Inzests die Tat verschweigen, zerbrechen sie meist vollständig, wenn einer dieses Schweigen bricht. Einer meiner Patienten wurde über viele Jahre hinweg von seinem Vater missbraucht, als erwachsener Mann fand er endlich den Mut, darüber zu sprechen. Doch er fand keinen Rückhalt. Der Vater stritt es ab, die Schwester glaubte ihm nicht, seine Mutter verhielt sich indifferent, indem sie sich nicht zu den Vorwürfen äußerte. Nur der jüngere Bruder glaubte ihm, weil der

Vater ihm gegenüber auch übergriffig geworden war. Mitleid oder gar eine Entschuldigung für das erfahrene Leid erfuhr mein Patient nicht, stattdessen wurde er von einem Teil seiner Familie verstoßen. Seine Anschuldigung hat auch das familiäre Leben seiner Eltern und der Schwester beeinträchtigt. Die Kirche tut sich ebenfalls sehr schwer mit dem Umgang mit Missbrauchsfällen.

In der Bibel findet sich eine Geschichte, in der deutlich wird, wie nachhaltig eine inzestuöse Beziehung eine Familie zerstören kann. Im Alten Testament wird berichtet, dass Amnon, der Sohn Davids, in seine Halbschwester Tamar verliebt ist (2. Samuel, 2). Aber statt sich ihr offen zu nähern, überlistet er sie. Er lockt sie unter einem Vorwand in seine Kammer. Dort fällt er über sie her und vergewaltigt sie. Danach jagt er sie aus dem Haus und will sie nicht mehr sehen. Vom Bruder entehrt und verstoßen, streut sich Tamar Asche auf ihr Haupt und läuft schreiend davon. Als Tamars Bruder Absalom von der Tat erfährt, nimmt er die Geschändete bei sich auf. Zu ihr sagt er: »Ist dein Bruder Amnon bei dir gewesen? Nun denn, meine Schwester, schweige still. Er ist dein Bruder, nimm dir die Sache nicht zu Herzen.« Auch der Vater, David, hört von der Tat, aber er äußert sich nicht dazu. Es scheint, als ob dieses Unrecht stillschweigend übergangen würde, aber Absalom rächt später seine Schwester und lässt Amnon töten.

Inzest gipfelt in noch mehr Gewalt, es kommt zum Brudermord. Es geht um Rache und Sühne, das Leid des Opfers ist rasch abgetan.

In dieser Geschichte wird ebenfalls deutlich, dass auch inzestuöse Beziehungen zwischen Geschwistern schlimme

Auswirkungen haben können – beispielsweise dann, wenn ein älterer oder zumindest stärkerer Bruder die Schwester zu sexuellen Handlungen zwingt. Oft wird auch erpresst, um den anderen gefügig zu machen.

Aber es gibt auch sexuelle Kontakte zwischen Geschwistern, die freiwillig geschehen. Das kann in einem gewalttätigen, lieblosen Elternhaus oft passieren. Ich erinnere mich an einen Patienten, der in einer derartigen Umgebung aufwuchs. Er hatte einen Bruder, der zwei Jahre älter war als er und mit dem er über Jahre sexuell verkehrte. Die Intimität unter der Bettdecke schweißte sie gegen die brutale, karge Umgebung zusammen. In solchen Fällen sind sexuelle Handlungen wie Verzweiflungstaten zu werten. Und sie sind oft von starken Schuldgefühlen und Scham begleitet, denn auch wenn diese Handlungen trösteten, fühlen diese Geschwister deutlich, dass etwas daran nicht richtig war.

In der Psychoanalyse wird das Inzesttabu als ein Mechanismus gesehen, der dafür sorgt, dass Blutsverwandte nicht sexuell miteinander verkehren. Die meisten Menschen spüren einen starken Widerwillen bei der Vorstellung, Zärtlichkeiten mit Bruder oder Schwester auszutauschen. Dieser Widerwille ist Ausdruck dieses Tabus. Geschwister, die dennoch miteinander sexuell verkehren, schämen sich für das, was sie tun, und versuchen, es geheim zu halten.

Es ist auffällig, dass inzestuöse Beziehungen zwischen Geschwistern ungleich öfter in Familien aus streng religiösen Gruppierungen auftreten. Dies gilt vor allem für sektiererische Gruppierungen, bestimmte freikirchliche Gemeinden und Glaubensgemeinschaften, die sehr aufeinander fixiert sind, den Kontakt zu Außenstehenden meiden, eine starke

Machtstruktur haben und es den Mitgliedern sehr schwer-machen, auszutreten. In einigen dieser Gemeinschaften dür-fen die Mitglieder nicht einmal öffentlichen Sport- oder Ge-sangsvereinen beitreten. Sie werden angehalten, Arbeitskol-legen und Schulkameraden nicht nach Hause einzuladen und auch nur an Feiern teilzunehmen, die die Gemeinde veran-staltet. Unter diesen Umständen ist die Gefahr, dass sich triebhafter Druck in der Familie entlädt, sehr groß. Gerade Heranwachsende, die keinen oder wenig Kontakt zu Gleich-altrigen haben können, orientieren sich tendenziell an ihren Geschwistern, auch wenn es um die Befriedigung sexueller Wünsche geht.

Ich widme mich dem Phänomen Inzest nicht nur auf-grund der Strukturgleichheit von Familie und Kirche, son-dern auch, weil sich Inzesterfahrungen bei Repräsentanten christlicher Kirchen auffällig häufen.

»Ich sehe das noch genau, wie in einem Film, dass ich oben auf dem Kleiderschrank sitze und dann auf mein Bett hinunterschaue, wo ich mich unter meinem Vater liegend reglos sehe und der Vater auf mir Bewegungen macht. Ich hatte das Gefühl, als wäre ich aus meinem Körper heraus-getreten und hätte nichts mehr mit mir zu tun.« Die Frau, die mir dieses Erlebnis schilderte, war Nonne. Sie erzählte mir, wie ihr Vater sie als Kind missbraucht hatte, und auch, wie schwer es ihr fiel, die körperliche Nähe anderer Menschen zu ertragen.

Opfer, die nach einem inzestuösen Missbrauch ins Klos-ter gehen, wünschen sich Ruhe vor den Annäherungen und wählen deshalb das zölibatäre Leben im Kloster, aber sie möchten auf diese Weise auch ihre furchtbaren Taten verbüßen, denn viele fühlen sich schuldig: »Ich kann meine Schlechtigkeit nur dadurch verkleinern, dass ich das Leben einer armen, keuschen Ordensfrau lebe«, sagte meine Patientin mit tapferer Stimme zu mir. Sie konnte mir lange nicht glauben, dass sie am Vergehen ihres Vaters keine Schuld trug. Sie hatte gehofft, im Kloster sicher zu sein. Die ihr vorgesetzte Oberin jedoch brachte ihr weder Wärme noch Güte entgegen, sondern verhielt sich aggressiv. Die Nonne erduldete die Launen dieser Frau, ohne zu klagen, genauso wie sie zuvor die jahrelangen sexuellen Übergriffe des Vaters stumm ertragen hatte. Innerlich verzweifelte sie so sehr, dass sie die Lust am Leben verlor.

Menschen, die über einen langen Zeitraum sexuell missbraucht wurden, kennen sich in der Rolle des Opfers gewissermaßen gut aus und nehmen diese leicht wieder ein. Es geschieht erschreckend häufig, dass ehemalige Opfer von sexuellen Übergriffen auch später wieder in diese Position geraten, wenn sie es mit Vorgesetzten zu tun haben, die launisch und aggressiv sind. Auch und gerade in einer kirchlichen Einrichtung begeben sie sich in eine ähnliche Abhängigkeitssituation, wie sie sie zuvor im Elternhaus erlebt haben.

Es ist nötig, die innerhalb der Kirchen wirkenden Hierarchien zu verstehen, um begreifen zu können, wie die institutionelle Struktur Machtmissbrauch befördert.

Machtstrukturen der katholischen Kirche

Unter den Amtsträgern herrscht eine klare Hierarchie, die sich aus den drei Weihestufen der katholischen Kirche ergibt: der Diakonen-, der Priester- und schließlich der Bischofsweihe. Nehmen wir einmal an, ein junger Mann namens Gustav Hermann möchte gerne Priester werden. Er spricht mit dem Regens, einem Geistlichen, der im Priesterseminar für die Ausbildung verantwortlich ist. Der fragt ihn über seine Motivation aus und auch über die familiären Verhältnisse und befindet Gustav Hermann als geeignet, obwohl dessen Eltern nicht verheiratet sind. Daraufhin beginnt dieser sein Theologiestudium und wird ins Priesterseminar aufgenommen. Dort lebt Gustav Hermann dann mit anderen Priesteranwärtern und Priestern zusammen, sie lernen und beten gemeinsam und unterstützen die umliegenden Gemeinden. Gustav Hermann lernt hier auch: Die Priesteranwärter haben sich nach dem zu richten, was die Priester anordnen, und über allem steht das Gebot des Regens. Nach fünf Jahren Studium beginnt für Gustav Herrmann der praktische Teil seiner Ausbildung. Er wird als Praktikant in einer Pfarrei eingesetzt, erhält die Diakonenweihe und kurze Zeit später die Priesterweihe.

Bereits als Diakon ist Gustav Hermann nun Teil des Klerus, wenn auch auf der untersten Stufe der Hierarchie. Er unterstützt einen Priester bei seiner Arbeit, er kann seelsorgerische Aufgaben übernehmen, Wortgottesdienste halten und bei der Eucharistiefeier helfen. Die Wandlung kann er jedoch nicht selbst vollziehen, das ist den Priestern und Bischöfen vorbehalten.

Die Diakonenweihe ist jedoch nicht unbedingt die Vorstufe zur Priesterweihe. Es gibt auch den Ständigen Diakon, der nach seiner Weihe im Stand des Diakons bleibt. Dieser muss das Zölibatsversprechen nicht abgeben und darf auch verheiratet sein, wenn er geweiht wird. Nach der Weihe ist es ihm nicht mehr erlaubt zu heiraten, selbst dann nicht, wenn er Witwer wird.

Aber Gustav Hermann wird zum Priester geweiht. Er verzichtet auf die genitale Sexualität und verspricht auch noch einmal explizit, dass er den kirchlichen Vorgesetzten gegenüber gehorsam sein wird. Damit hat Gustav Hermann die nächste Stufe in der Hierarchie der Kirche erklommen. Zunächst wird er als Kaplan in einer Pfarrei eingesetzt. Dabei ist er dem Priester der Gemeinde unterstellt. Erst nach einigen Jahren erhält er eine eigene Pfarrei. Während er nun auf der einen Seite seinem theologischen Mitarbeiter Arbeiten übertragen kann, ist er auf der anderen Seite dem Bischof untergeordnet, in dessen Bistum seine Pfarrei liegt. Der Bischof bestimmt, wo Gustav Herman eingesetzt wird. Er kann ihn, wenn er möchte, ohne Angabe von Gründen versetzen, ihm willkürlich Aufgaben übertragen und in dessen Arbeit in der Pfarrei eingreifen. Gustav Hermann fühlt sich oft unwohl, wenn er seinem Bischof begegnet. Er kann ihn nicht einschätzen und erlebt einige seiner Anweisungen als irrational und sinnlos. Manchmal hat er Angst vor diesem Mann, der ihm gegenüber so mächtig ist. Der Priester hat keine Handhabe, er wagt es im Zweifel nicht einmal, sich zu äußern, wenn ihm die Handlungen des Bischofs falsch erscheinen. Das ist im System der Kirche schlicht nicht vorgesehen.

Nehmen wir nun an, Gustav Hermann möchte mehr als den Alltag in der Pfarrei. Er promoviert, übernimmt verantwortungsvolle Aufgaben innerhalb der Kirche und erwirbt so den Ruf, sorgfältig zu arbeiten und ein loyaler Repräsentant der Kirche zu sein. Daneben tut er klaglos, was sein Bischof von ihm verlangt. Als dann ein neuer Bischof für eine

Diözese gesucht wird, beruft der Papst Gustav Hermann. Nach der Bischofsweihe gehört er nun zum Bischofskollegium, dem der Papst als Bischof von Rom vorsitzt. Nachdem er jahrelang getan hat, was andere von ihm wollten, ist Gustav Hermann nun in der Position, selbst anordnen zu dürfen. Als Diözesenbischof hat er innerhalb seines Bistums nahezu uneingeschränkte Macht (was kirchliche Angelegenheiten angeht). Als Priester war Gustav Hermann der Stellvertreter seines Bischofs in der Gemeinde, als Bischof ist er nun letztlich auch Stellvertreter des Papstes. Als direkter Nachfolger der Apostel hat er zumindest innerhalb seines Bistums eine gewisse Unabhängigkeit. Es gibt niemanden, der ihn kontrolliert oder dem er Rechenschaft schuldig ist. Es sei denn, er kommt mit dem weltlichen Gesetz in Konflikt wie der ehemalige Limburger Bischof. Innerhalb der Kirche ist der Respekt vor seinem Amt so groß, dass er keine Kritik zu erwarten hat.

Der einzige Mensch, der Gustav Hermann nun noch etwas zu sagen hat, ist der Papst. Die allerhöchste, unantastbare Macht innerhalb der katholischen Kirche geht selbstverständlich von ihm aus. Seine Unfehlbarkeit in religiösen Angelegenheiten ist in der katholischen Kirche unbestritten. Kaum ein Mitglied des Klerus wagt es, öffentlich an seinen Entscheidungen Kritik zu üben. Wenn dies doch geschieht, ist mit Sanktionen zu rechnen, zumindest wird der Kritiker zum Außenseiter.

Sehr deutlich wird der Verzicht auf eigene Entscheidungskraft bei gleichzeitiger völliger Unterordnung bei katholischen Ordensleuten. Sie gehören nicht im engeren Sinne zum Klerus. Nur Männer mit theologischer Hochschulbildung dürfen sich nach der Weihe dazuzählen. Neben dem Gelöbnis, arm, keusch und gehorsam zu leben, legen die Ordensbrüder und -schwestern sogar ihren eigenen Namen ab und erhalten einen Ordensnamen. Aus einem jungen Mann mit dem bürgerlichen Namen Paul wird beispielsweise Bruder Matthäus. Dieser Ordensname wird traditionell vom Oberen zugeteilt, liberalere Obere lassen die Novizen inzwischen auch Vorschläge machen. Ordensleute kommen in ein System, das von ihnen ein hohes Maß an Anpassung fordert und die Bereitschaft, einer Aufforderung auch dann nachzukommen, wenn sie sie als unsinnig empfinden. Wer einmal die Grundausbildung beim Militär hinter sich gebracht hat, weiß, was es bedeutet, sich derart unterzuordnen. Missbrauchen Vorgesetzte ihre Macht, verstehen die Opfer häufig lange Zeit nicht, was mit ihnen geschieht. So wie Bruder Michael, der bei mir in der Analyse war:

Bruder Michael kam zu mir, weil er unter Magenkrämpfen litt, außerdem klagte er über starke Kopfschmerzen. »Manchmal habe ich das Gefühl, mein Kopf würde zerplatzen«, sagte er und drückte beide Hände gegen die Schläfen, als wollte er ihn so zusammenhalten. »Und manchmal weiß ich gar nicht mehr, warum ich überhaupt aufstehen soll. Mir kommt dann alles leer und sinnlos vor. Ich wünschte mir dann fast, das Leben wäre schon vorbei.« Er sah mich an, als erwartete er, für diese Gedanken gerügt zu werden.

Bruder Michael war fünfzig, als ich ihn kennenlernte. Auf mich wirkte er sehr diszipliniert. Wenn er redete, klang das ein bisschen so, als hätte er es vorher auswendig gelernt. Er berichtete mir, dass er noch sehr jung gewesen sei, als er ins Kloster ging. Über Sexualität wusste er damals wenig. Auch emotionale Nähe hatte er kaum erfahren. Sein Vater war wegen einer Kriegsverletzung am Kopf unberechenbar, aus heiterem Himmel prügelte er auf seine Kinder ein und konnte sich später an nichts erinnern. Man wusste nie, wann wieder so ein Wutanfall kommen würde. Die Mutter war mit dem gewalttätigen Mann und den vier Kindern heillos überfordert. Immer, wenn ihr alles über den Kopf wuchs, drohte sie, sich das Leben zu nehmen. Sein älterer Bruder quälte und erniedrigte ihn, wann immer es ging. Bruder Michael lernte sich zurückzuhalten und anzupassen, um keinen Ärger heraufzubeschwören. Trost fand er bei seiner jüngeren Schwester, mit der er auch seine ersten sexuellen Erfahrungen machte. Als er in die Pubertät kam, bekam er mit, dass sein Vater hin und wieder Verhältnisse mit anderen Frauen hatte. Seine Mutter schien das nicht zu stören. Gleichzeitig waren die Eltern sehr religiös. Wenn im sonntäglichen Gottesdienst von Treue der Eheleute die Rede war, sah Michael keine Regung in den ernsten Gesichtern der Eltern. Nichts verriet, dass sie diese Regel anders handhabten. Bruder Michael erinnerte sich, dass er manchmal das Gefühl hatte, es gebe zwei Welten, eine alltägliche, in der der Vater zu anderen Frauen ging, und eine sonntägliche, in der die alltägliche Welt verleugnet wurde. Zu Gleichaltrigen hatte Bruder Michael als Kind und Jugendlicher wenig Kontakt. Er durfte nicht mit den anderen Jungen zum Fußballspielen, auch nicht in den Musikverein. Der Vater empfand diese Aktivitäten als Zeitverschwendung. Nichts einzuwenden hatte er aber gegen die kirchliche

Jugendgruppe, zu der Bruder Michael regelmäßig ging. Der Pfarrer, der diese leitete, war zugewandt und freundlich. Ins Kloster ging Bruder Michael schließlich wegen ihm. Seine einzige sexuelle Erfahrung war zu diesem Zeitpunkt das Masturbieren mit seiner jüngeren Schwester.

Das Leben im Kloster fiel ihm leicht. Er fühlte sich aufgehoben in der Gemeinschaft seiner Mitbrüder. Auch die Keuschheit hielt er aus, nur manchmal konnte er nicht anders und musste onanieren. Schwierigkeiten hatte er mit seinem Beichtvater, einem älteren Mitbruder, der in der Hierarchie des Klosters über ihm stand. Pater Johann, so möchte ich diesen Ordensbruder hier nennen, hatte etwas Unberechenbares. Wenn er gerade noch freundlich und verständnisvoll war, konnte er im nächsten Moment unerwartet hart und streng reagieren. Bruder Michael fürchtete sich vor ihm. Die Stimmungsschwankungen des Paters erinnerten ihn an seinen Vater. Selbstverständlich beichtete er auch das gelegentliche Masturbieren. Es war an einem Abend nach der Beichte, als Pater Johann, der Beichtvater, ihn noch einmal in seinem Zimmer sprechen wollte. Unumwunden sprach er Bruder Michael auf das Masturbieren an und bemerkte, dass das doch eigentlich etwas sehr Schönes sei. Daraufhin schlug Pater Johann sein Gewand zurück und begann, sich selbst zu befriedigen. Bruder Michael war wie erstarrt, er wusste nicht, was er tun sollte.

»Man muss diesen Trieb ausleben, damit er einen nicht übermannt«, erklärte Pater Johann.

An diesem Abend kam es zum ersten Mal zu sexuellem Kontakt zwischen den beiden Ordensbrüdern. Danach geschah es immer wieder, manchmal täglich, über viele Jahre.

Wieder hatte Bruder Michael das Gefühl, in zwei Welten zu leben, die nicht vereinbar waren. Die stille Frömmigkeit des Klosters, die heiligen Gesänge mit den Mitbrüdern, das Insichgekehrtsein, der Kontakt zu Gott im Gebet auf der einen Seite und auf der anderen Seite die verbotene Sexualität mit Pater Johann. Er sah den Pater ins Gebet vertieft in der Kapelle, und er sah ihn mit lustverzerrtem Gesicht, wenn sie miteinander schliefen. Es gab keine Möglichkeit, diese beiden Teile der Welt miteinander zu vereinen. In dieser Zeit begannen die Magenschmerzen. Mal bekam er keinen Bissen herunter, dann wieder war es, als könnte er niemals satt werden. Nachts quälten ihn Krämpfe.

»Ich liebe dich«, sagte Pater Johann. Bruder Michael wurde es warm vor Freude. Er fühlte sich auserwählt und genoss das Gefühl der Macht, die diese Worte ihm über Pater Johann gaben. Dann wieder quälten ihn Schuldgefühle und die Frage, ob er überhaupt homosexuell sei, denn er fand Frauen durchaus attraktiv. Die Kopfschmerzen waren zuerst gar nicht so schlimm, erst im Laufe der Jahre wurden sie stärker. Manchmal konnte er nicht einmal aufstehen und musste den ganzen Tag im abgedunkelten Zimmer liegen.

Zwanzig Jahre lang hatte Bruder Michael regelmäßig sexuellen Kontakt zu Pater Johann. In dieser Zeit kämpfte er mit Bauchkrämpfen, Kopfschmerzen und dem verzweifelten Gefühl, weder ganz in die lustvolle Welt mit Pater Johann noch in die fromme, reine Welt des Klosters zu gehören. Bruder Michael hatte sich an diesen Zustand gewöhnt, es war ihm gelungen, damit zu leben.

Dann wurde Pater Johann plötzlich versetzt, gleichzeitig

verließ ein jüngerer Mitbruder den Orden. Bruder Michael erfuhr, dass Pater Johann sich an dem Jüngeren vergangen und dieser das nicht ausgehalten hatte. Auch zwei weitere Brüder sollten von Pater Johann missbraucht worden sein. Das Wort »Missbrauch« hallte in Bruder Michaels Kopf. Er war sich nicht sicher, ob das auch etwas mit ihm zu tun hatte. Die Symptome waren danach schlimmer geworden. Er hatte das schreckliche Gefühl, über Jahre einen fatalen Fehler begangen zu haben, der nicht mehr gutzumachen war.

Von Pater Johann hörte er nie wieder etwas. Eine Weile wurde noch hinter vorgehaltener Hand über ihn gesprochen, dann blieb nur noch Schweigen zurück. Und auch in Bruder Michael wurde es ruhig, er fand an nichts mehr Freude, wurde noch stiller und zurückgezogener, als er ohnehin schon war. Am Morgen fand er kaum noch die Kraft aufzustehen. In diesem Stadium lernte ich ihn kennen.

Im therapeutischen Prozess ging es zunächst nur um den prügelnden Vater. Die Beziehung zu Pater Johann wurde erst später zum Thema. Lange weigerte Bruder Michael sich, das Wort »Missbrauch« in diesem Zusammenhang zu verwenden. Als ihm klarwurde, womit er sich jahrelang abgefunden hatte, begann er sich zu schämen. Und er fühlte sich schuldig, denn schließlich hatte er ja selbst auch Lust empfunden. Es dauerte, bis er in der Lage war, Wut gegen Pater Johann zuzulassen. Noch länger dauerte es, bis er sich selbst verzeihen konnte. Erst als ihm das gelang, klangen die körperlichen Symptome ab. Er begann seine Sexualität bewusster wahrzunehmen und erkannte schließlich, dass er eigentlich heterosexuell war.

Bruder Michael war als Kind der Gewalt in seiner Familie hilflos ausgeliefert. Der Vater und der Bruder hatten ihn unterdrückt und gedemütigt. So war es ihm kaum möglich gewesen, ein positives Selbstbild zu entwickeln. Zuwendung gab es nur in Form von Gewalt. Bruder Michael hatte nicht gelernt, seine eigenen Wünsche auszusprechen oder diese gar durchzusetzen. Er hatte versucht, sich anzupassen, unterzutauchen, möglichst unsichtbar zu sein, er hatte sich nutzlos gefühlt. Als er sich der kirchlichen Jugend anschloss, hatte er das Gefühl, dass er die Eltern jetzt verlassen könne und dass er sich in eine Gemeinschaft hineinbegebe, in der er weder Gewalt noch anderen Exzessen ausgeliefert war. Letztendlich erlebte er aber genau das erneut.

In der Psychoanalyse spricht man von »zwanghafter Wiederholung«, wenn jemand eine Beziehung eingeht, die der Beziehung zu den Eltern sehr ähnlich ist. In dieser Weise konnte sich Bruder Michael dem unberechenbaren Mitbruder Johann nicht entziehen, ebenso wenig, wie er sich dem unberechenbaren Vater entziehen konnte. Durch das Verhältnis zu Pater Johann wiederholte sich auch der zweideutige Umgang mit Moral und Ordnung, mit Sexualität und Aggression, der im Gefühl, in zwei Welten zu leben, zum Ausdruck kam. Erst als er akzeptieren konnte, dass aggressive und sexuelle Gefühle ebenso zu ihm gehören wie seine Sanftmütigkeit und sein Bedürfnis nach Liebe, fügten sich die beiden unvereinbaren Welten, in denen Bruder Michael seit seiner Jugend lebte, zu einer einzigen zusammen.

Die innerhalb der katholischen Kirche herrschende Hierarchie wird fast nie hinterfragt. Der Klerus erhebt sich über die Laien, der Pfarrer erhebt sich über den Diakon, und über beiden steht der Bischof. Die Macht des Klerus ist an die jeweiligen Ämter geknüpft. Sie wird im Moment der Weihe übertragen, und sie wird auch dann nicht geringer, wenn der Amtsträger Homosexuelle verurteilt, Untergebene schikaniert oder Unmengen von Geld für Luxusgüter ausgibt.

Meiner Erfahrung nach erhält ein (höheres) kirchliches Amt, wer sich konform und angepasst verhält. Kritikfähigkeit oder eine freie Art zu denken bringen für die Karriere eines Geistlichen keine Vorteile. Wer sich aber in den Strukturen der Kirche auskennt, gut vernetzt ist und ausreichend unterwürfig gegenüber Vorgesetzten, hat sehr gute Chancen, einen höheren Posten zu bekommen. Wollte die katholische Kirche wirklich kompetente Leute in den höheren Riegen sehen, dann würde sie Theologen berufen, die nicht nur gut ausgebildet sind, sondern über ausreichend Charakterstärke verfügen, um kritische Töne anzuschlagen. Nach diesen Kriterien müssten Menschen wie Hans Küng oder Eugen Drewermann entsprechende Posten erhalten. Das sind aber genau die Menschen, die aufgrund ihrer Unangepasstheit ihr Amt nicht mehr ausüben dürfen.

Die Angepassten und Unterwürfigen haben große Schwierigkeiten, mit der Verantwortung und der Macht, die mit einem hohen Posten einhergehen, angemessen umzugehen. Sehr oft erwarten sie von Untergebenen denselben bedingungslosen Gehorsam, der sie in ihr Amt brachte.

Machtstrukturen der evangelischen Kirche

Die Macht in der evangelischen Kirche ist – wenn man sie mit der katholischen vergleicht – sehr viel demokratischer verteilt. Die Organisationsform ist bewusst dezentral. Es gibt keine machtvolle Leitfigur wie den Papst. Die verschiedenen evangelischen Konfessionen, die lutherische, die reformierte oder die methodistische Kirche, sind nicht so klar hierarchisch strukturiert wie die katholische Kirche. Man trifft hier eher auf Netzwerke, die sich in Gremien zusammenfinden, um gemeinsam zu entscheiden. Übergeordnete Organisationsformen sind die »Weltgemeinschaft Reformierter Kirchen« mit Sitz in Hannover oder der »Lutherische Weltbund«, dessen Sekretariat sich in Genf befindet. Daneben gibt es den »Ökumenischen Rat der Kirchen« (ÖRK), ebenfalls mit Sitz in Genf, in dem neben lutherischen und reformierten Kirchen auch noch Baptisten, Methodisten, Anglikaner und Orthodoxe vertreten sind. Dem obersten Gremium sitzt ein Generalsekretär vor, dieser übt jedoch eher eine repräsentative Funktion aus. Entscheidungen werden innerhalb der Gremien gefällt.

Die römisch-katholische Kirche gehört dem ÖRK nicht an. Insofern bildet der ÖRK als Vereinigung der meisten anderen christlichen Konfessionen eine Art Pendant zur mächtigen katholischen Kirche, auch wenn er vollkommen anders organisiert ist.

In Deutschland sind die evangelischen Kirchen unter dem Dach der Evangelischen Kirche in Deutschland (EKD) vereint. Ihr sitzt ein Ratsvorsitzender (oder auch eine Ratsvorsitzende) vor, der alle sechs Jahre neu gewählt wird. Dieser hat keine Weisungsbefugnis innerhalb der Kirche. Wenn er ein bestimmtes Anliegen durchsetzen möchte, muss er überzeugen. Das Amt des Ratsvorsitzenden hat aber eine Öffentlichkeitswirksamkeit, die nicht zu unterschätzen ist. Sie erinnern sich vielleicht, dass die Theologin Margot Käßmann diesen Posten innehatte, als sie mit Alkohol am Steuer von der Polizei angehalten wurde. Letztendlich gab sie den Posten auf, weil sie nach diesem Ereignis ihre Glaubwürdigkeit beschädigt sah.

Die Macht, die ein kirchlicher Amtsträger der evangelischen Kirche innehat, ist nicht so mystisch und absolut wie in der katholischen Kirche. Sie ist weniger an das Amt als an die Person gebunden. Durch Charisma und Überzeugungskraft kann sie stärker werden, ganz ähnlich, wie ein Politiker sich leichter durchsetzen kann, wenn er eloquent und charismatisch ist. Der Unterschied zwischen Klerus und Laien wird in der evangelischen Kirche ganz bewusst nicht betont. Es war Luthers Anliegen, die Frömmigkeit der Laien nicht geringer zu bewerten als die des Klerus. Er sprach von einem »Allgemeinen Priestertum der Gläubigen«, das heißt, jeder Gläubige ist in der Lage, die Worte der Bibel selbst auszulegen. Dennoch spricht man auch in den evangelischen Kirchen vom Pfarrer als Hirten, der die Gemeinde wie eine Herde leitet. Der evangelische Titel »Pastor« ist das lateinische Wort für Hirte. Wenn es um Fragen geht, die den Glauben betreffen, dann wird dem theologisch gebildeten Geistlichen selbstverständlich auch in der evangelischen Kirche besonderer Sachverstand zugebilligt. Er gilt als moralische Instanz und erfüllt eine Vorbildfunktion. Seine Handlungen werden beobachtet und entsprechend bewertet. Diese Erwartungshaltung richtet sich oft auch an die Familie des Pfarrers, insbesondere an die Kinder. Wenn ich mit Patienten arbeite, die als Pfarrerskinder aufgewachsen sind, höre ich immer wieder, dass von ihnen ein besonders gutes Benehmen erwartet wurde. Viele tragen diesen Anspruch außergewöhnlicher moralischer Integrität noch als Erwachsene mit sich herum, sie leiden an einem stark ausgeprägten Über-Ich und müssen im therapeutischen Prozess erst lernen, dass sie genauso fehlerhaft sein dürfen wie alle anderen Menschen auch.

Innerhalb der evangelischen Kirche werden Entscheidungen gefällt, indem sie in Synoden diskutiert und zur Abstimmung gebracht werden. Synoden sind Gremien, die zu zwei Dritteln aus Laien und zu einem Drittel aus Theologen gestellt werden. Alle Interessengruppen sollen darin vertreten sein. In manchen Synoden sitzen über hundert Menschen.

Die einzelnen Gemeinden sind sehr eigenständig und nicht ausschließlich von der Entscheidung eines für sie zuständigen Bischofs abhängig. Auch die einzelnen Kirchenbezirke innerhalb einer Landeskirche haben eigene Entscheidungsgremien. Die kirchlichen Ämter haben meist auch unterschiedliche Bezeichnungen. Während ein Kirchenkreis in Bayern von einem Regionalbischof geleitet wird, übernimmt im Rheinland ein Superintendent einen vergleichbaren Posten. Gleiches gilt für die Leiter der evangelischen Landeskirchen. Was in Bayern ein Landesbischof tut, wird woanders von einem Präses oder Kirchenpräsidenten erledigt. Diese obersten Repräsentanten einer Landeskirche haben in der evangelischen wie auch in der katholischen Kirche eine Leitungsfunktion, wenn diese auch auf protestantischer Seite eingeschränkter ist. Diese Posten werden von den Synoden gewählt, meistens für einen Zeitraum von sechs Jahren. Eine einmalige Wieder-

wahl ist möglich. Das bedeutet aber auch, dass ein Landesbischof gegenüber den Kirchenmitgliedern, zumindest aber
gegenüber der Synode, Rechenschaft ablegen muss. Wenn es
Unregelmäßigkeiten gibt, bleiben diese nicht verborgen.

Dass jede größere Entscheidung in einer Synode verabschiedet werden muss, ist ein sehr demokratisches Verfahren. Der Nachteil ist die Entstehung langwieriger Prozesse.
Eine Synode hat nicht nur sehr viele Mitglieder, sondern tagt
mitunter in relativ großen Abständen. Zusätzlich gibt es
manchmal einen synodalen Ausschuss, in dem einige wenige
gewählte Mitglieder der Synode sitzen. Dieser Ausschuss
kommt zusammen, wenn Entscheidungen rasch getroffen
werden müssen oder eine Stellungnahme zu einem aktuellen
Thema erforderlich ist. Dennoch entscheidet in vielen Fällen letztendlich der Pfarrer, der Bischof, der Ratsvorsitzende
oder ein anderer in Leitungsfunktion, was getan wird. Menschen in diesen Positionen sind in den meisten Fällen wichtige Ansprechpartner, bei denen sich viele wichtige Informationen bündeln. Das generiert Macht, auch wenn diese
weniger absolut als bei den Amtsträgern der katholischen
Kirche ist. Das Ausnutzen und Missbrauchen von Macht
ist zwar in geringerem Maße möglich, doch auch in der evangelischen Kirche schaffen Machtstrukturen einen idealen
Nährboden für Missbrauch.

Nach meiner Erfahrung spielt bei Vorfällen in der evangelischen Kirche Erpressung sehr häufig eine Rolle, auch hier
findet der Machtmissbrauch oft auf sexueller Ebene statt.
Der Täter nutzt seine höhere Stellung, um sein Opfer gefügig zu machen. Da ist der Pfarrer, der über viele Jahre hinweg
eine Sekretärin aus dem Kirchenbüro sexuell missbrauchte.

Die Frau hatte Angst, ihren Arbeitsplatz zu verlieren. Sie hatte keine abgeschlossene Ausbildung und war alleinerziehend. Sie war sicher, dass sie keine vergleichbare Anstellung mehr finden würde. Deshalb tat sie, was der Pfarrer von ihr wollte, ohne sich zur Wehr zu setzen und ohne jemandem davon zu erzählen. Erst als ein körperliches Leiden ihr die Arbeit unmöglich machte, kam sie zu mir in Behandlung und konnte darüber sprechen. Sie fühlte sich diesem Pfarrer vollkommen ausgeliefert und sah für sich keine Möglichkeit, ihm etwas entgegenzusetzen.

Sehr oft findet Missbrauch aber in der Jugendarbeit statt. Einer meiner Patienten verübte seine Tat während einer Jugendfreizeit:

Der evangelische Pfarrer Herbert K. hatte als Leiter einer Jugendfreizeit einen dreizehnjährigen Jungen missbraucht. Rückblickend war mein Patient von sich selbst überrascht. »Ich wollte das gar nicht. Das ist einfach so passiert«, beteuerte er immer wieder. »Ich habe das doch nicht geplant.«
Am Anfang war ihm der Kleine einfach nur angenehm aufgefallen. Er beobachtete, wie der schüchterne Junge aufblühte, wenn man ihm etwas Aufmerksamkeit schenkte. Der Pfarrer ließ die Jugendlichen die Gegend selbständig erkunden, dem Jungen, den ich hier Franz nennen möchte, übergab er die Verantwortung.
»Ich möchte, dass alle auf Franz hören, wenn ihr unterwegs seid«, erklärte er den Kindern. »Der ist jetzt verantwortlich und wird euch sicher wieder zurückführen.« Franz bekam rote Wangen, als er das hörte. »Du bist jetzt der Führer dieser kleinen Gruppe.«

Mittags ließ der Pfarrer Franz das Essen verteilen, nachmittags wählte er ihn als Spielleiter in einem Rollenspiel. Abends bat er ihn noch mal auf sein Zimmer.

Dort sei es dann einfach so passiert, erzählte mir der Pfarrer verlegen. Er meinte den sexuellen Kontakt mit dem Jungen.

»Ich wollte dem Franz doch nur zeigen, dass er attraktiv und begehrenswert ist«, erklärte mir Herbert K. »Ich dachte, das freut ihn.«

Am nächsten Tag übertrug Pfarrer K. Franz wieder verantwortungsvolle Aufgaben. Doch als der Pfarrer ihn abends wieder in sein Zimmer bat, sagte Franz, er wolle lieber jetzt ins Bett.

»Dabei wollte ich doch mit dir besprechen, was für ein Rollenspiel wir morgen machen. Ich wollte, dass du wieder Spielleiter wirst. Aber jetzt glaube ich, dass das doch nicht geht. Ich weiß noch gar nicht, ob du überhaupt mitspielen kannst«, sagte der Pfarrer. Franz sah ihn aus großen Augen an, dann ging er zögernd mit. Als der Pfarrer sich dem Jungen näherte, wehrte der sich nicht.

»Ich habe gar nicht damit gerechnet, dass meine kleine Drohung so eine Wirkung auf den Jungen hat«, erklärte mir der Pfarrer.

Am nächsten Abend drohte Herbert K., dass Franz nicht mit zum Ausflug dürfe, wenn er ihn zurückwiese, und wieder hatte er Erfolg. Franz tat, was er von ihm verlangte.

»Ich weiß gar nicht, was in mich gefahren ist«, sagte der Pfarrer zu mir. »Ich war so überwältigt davon, dass dieser Junge bereit war, alles zu tun, was ich will.« Der Pfarrer stockte, dann blickte er mich unsicher an. »Das war irgendwie berauschend. Ich konnte nicht aufhören. Sobald ich gesagt habe: ›Gut, dann kannst du halt nicht mitkommen‹, oder: ›Dann kannst du eben morgen nicht Spielleiter sein‹, hat er getan, was ich wollte. Ich habe das vorher noch nie erlebt.«

Pfarrer K. spürte, dass er Macht über den Jungen hatte. Diese Macht war ihm beinahe noch wichtiger als die sexuelle Befriedigung.

»Franz hätte doch auch einfach nein sagen können«, argumentierte Pfarrer K. zu Beginn meiner Arbeit mit ihm. Er versuchte, sich durch diese Sichtweise zu entlasten. Es brauchte einige Sitzungen, bis er einsah, dass dieser Junge das nicht gekonnt hätte. Franz' Sehnsucht, dazuzugehören und anerkannt zu werden, war so stark, dass er bereit war, alles dafür zu tun. Der Junge war emotional derartig auf Anerkennung angewiesen, dass er keine Möglichkeit hatte, sich gegen diese zu entscheiden.

Täter, die ihre Macht missbrauchen, wählen ihre Opfer genau aus. Das geschieht in der Regel unbewusst. Nicht jeder eignet sich als Opfer. Es gibt Menschen, die sehr selbstbewusst sind und keine Veranlassung sehen, sich dem Willen eines anderen zu fügen, wenn sie das nicht möchten, selbst dann nicht, wenn ihnen dadurch Nachteile entstehen könnten. Andere sind nicht so autonom. Sie wissen sich nicht anders zu helfen, als dem Willen des Täters nachzugeben. Diesen Menschen nähert sich ein Täter eher. Pfarrer K. konnte lange nicht zugeben, dass er sich den schüchternen Franz ausgesucht hatte, weil der ein sehr unsicheres Kind war und auf den Entzug von Anerkennung stark reagierte.

»So junge Jungen interessieren mich eigentlich gar nicht«, beteuerte Pfarrer K. immer wieder. Später aber wurde ihm klar, dass sein starkes Interesse an der Jugendarbeit nur ein Vorwand gewesen war, um mit Jungen dieses Alters in Kontakt zu kommen. Es stellte sich heraus, dass Pfarrer K. selbst sehr unsicher war und den Kontakt zu Männern in seinem Alter scheute, aus Angst, abgewiesen zu werden. Seine Eltern hatten sich kurz nach seiner Geburt getrennt. Die Mutter fand schnell einen neuen Partner, mit dem sie weitere Kinder bekam. Doch Herbert K. hatte den Eindruck, zu dieser neuen Familie nicht dazuzugehören. Der Stiefvater und auch die Mutter behandelten ihn anders als die anderen Kinder, strenger, härter. Schon bei kleinen Vergehen wurde er stundenlang in den Keller gesperrt. Wenn ihm etwas nicht gleich gelang, wurde er vom Stiefvater als nutzlos verhöhnt. Auch die Beziehung zu den Halbgeschwistern war distanziert. Seine ganze Kindheit hindurch hatte Herbert K. das Gefühl zu stören, oft dachte er, dass es den anderen lieber wäre, er wäre gar nicht da.

In dem jungen Franz sah Herbert K. nun sich selbst. Der schüchterne Dreizehnjährige verkörperte für ihn seine eigenen unbewussten Selbstzweifel, für die er sich schämte. Indem er dem Jungen half und ihn förderte, half und förderte er sich letztendlich selbst. Die Macht über den Jungen war Herbert K. deshalb so wichtig, weil er glaubte, seine eigene Schwäche, seine Selbstzweifel, überwinden zu können. Erst nach vielen Analysestunden wurde ihm klar, dass er seine Versagensängste so nicht loswerden konnte. Ein stabiles Selbstbewusstsein baute sich erst auf, als er bereit war, auch die ihn beschämenden Anteile seines Selbst wahrzunehmen und zu akzeptieren. Über die Stabilisierung seines Selbstwertgefühls gelang es ihm, unabhängiger von der Meinung seiner Außenwelt zu werden.

Er hörte auch auf, sich für seine Homosexualität zu schämen, und begann, Kontakt zu erwachsenen Männern zu suchen. Sein erotisches Interesse an Jugendlichen klang mit der Zeit völlig ab.

Dieser Fall hätte sich auch auf einer nichtkirchlichen Jugendfreizeit zutragen können. Er wäre überall dort möglich, wo sich junge Menschen einem erfahrenen Erwachsenen anvertrauen. Der Pfarrer erpresste den Jungen, um seine Macht über ihn zu wahren. Er hat diese Macht nicht allein durch sein Amt. Im Katholizismus dagegen bestimmen Begriffe wie »Demut« und »Gehorsam« das Miteinander. Katholische Geistliche kommen deshalb auch ohne Erpressung aus, ihnen reicht ihre Autorität.

Dennoch gilt für beide Konfessionen: Die hierarchische Ordnung der Kirche kann einzelne Amtsträger dazu verführen, ihre geistliche Macht auch im Weltlichen zu erweitern und zu missbrauchen. Große Machtfülle birgt immer den Reiz des rücksichtslosen Gebrauchs, wobei Gewaltausübung durch den Aggressionstrieb motiviert wird. Ob ein Amtsträger sich tatsächlich dazu hinreißen lässt, hängt auch von seiner psychischen Disposition ab.

In der Kirche gibt es viele Amtsträger, die leicht verführbar sind, denn verführbar werden Menschen immer, wenn ihnen alles Triebhafte verboten wird, und vor allem dann, wenn sie durch frühkindliche Erfahrungen bereits Schäden an ihrer eigenen Psyche genommen haben.

Triebverdrängung

Das Problem der Triebverdrängung ist insbesondere bei den Amtsträgern der katholischen Kirche zentral. Verdrängte Sexualität bringt Aggression hervor. Aber auch Aggressionen sind mit der christlichen Lehre nicht vereinbar und haben keinen Platz im kirchlichen Leben.

Aggression ist eine wesentliche Motivation des Menschen. Sie findet unter anderem in der Wut ihren Ausdruck. Doch während Wut in den Bereich der Affekte gehört und schnell verraucht sein kann, kann Aggression einen Menschen lange begleiten. Eifersucht, Kränkungen und Zurückweisungen können Aggressionen produzieren. Wenn sie aber nicht offen zum Ausdruck gebracht werden dürfen, dann finden sie einen anderen Weg. Viele Menschen agieren aggressiv, ohne es zu merken. Paradigmatisch ist hier der Fall einer Religionslehrerin, die die Jungen in ihren Klassen benachteiligte. Das war so deutlich, dass die Schulleitung eingreifen musste. Schließlich kam die Frau zu mir in die Analyse:

Diese Lehrerin hatte die Leistungen der Jungen schlechter bewertet als die der Mädchen, sie hatte ihnen manchmal sogar schwerere Aufgaben gegeben, und sie hatte den Jungen immer wieder gesagt, sie könnten nichts.
»Aber ich wollte die doch nur fördern«, erklärte die Lehrerin mir. »Die Kinder sollten zu guten Christen werden.« Sie wehrte sich dagegen, aggressiv gehandelt zu haben, und berief sich auf rein positive Motive.

Als sie mir von ihrer Kindheit erzählte, kam heraus, dass sie einen zehn Jahre jüngeren Bruder hatte, den man ihr immer vorzog. Er wurde umsorgt und verwöhnt, wie sie es nie erfahren hatte. Oft musste sie auf ihn aufpassen. Wenn er dann Unsinn gemacht hatte, bekam sie dafür die Prügel, denn sie hätte die Tat des Bruders verhindern müssen. Als meine Patientin davon erzählte, bebte ihre Stimme noch vor Wut über diese Ungerechtigkeit.

»Kann es sein, dass Sie in Ihren Schülern Ihren kleinen Bruder sehen?«, fragte ich sie. Energisch schüttelte sie den Kopf. Sie wehrte diese Idee gleich ab. Aber bei der nächsten Sitzung wirkte sie nachdenklich und traurig.

»Ich glaube, Sie haben doch recht mit Ihrer Vermutung. Das Gefühl, das ich gegenüber den Jungen aus meiner Klasse habe, ist das gleiche, das ich meinem Bruder gegenüber habe. Ich denke dann, dass sie keine besseren Noten verdient haben. Genau wie ich auch früher immer dachte, dass mein Bruder diese ganze Aufmerksamkeit meiner Eltern nicht verdient hat.«

Die Frau hatte lange Zeit, ohne es sich einzugestehen, latent aggressiv gehandelt. Als es ihr gelang, sich in der Therapie mit der Beziehung zu ihrem Bruder auseinanderzusetzen, konnte sie die verdeckten Aggressionen gegen ihre Schüler wahrnehmen, sich ihren Ursprung erklären und diese dann aufgeben.

Aggressionen kann man demnach auch haben, ohne sich darüber im Klaren zu sein. Während man Wut körperlich spürt, muss das bei Aggression nicht unbedingt so sein.

Nach Freud ist der Aggressionstrieb einer der Urtriebe, er

ist damit ebenso elementar wie der Sexualtrieb. Doch während der Sexualtrieb etwas Vitales und Kreatives in sich trägt, sieht Freud in der Aggression eine rein destruktive Kraft. Aggression ist für ihn Ausdruck des Todes, Libido und Eros dagegen gelten als Ausdruck des Lebens.

Erich Fromm nimmt an, dass Aggressivität nicht unbedingt destruktiv wirken muss. Er unterscheidet zwischen gutartiger und bösartiger Aggression. Gutartig ist Aggression, wenn sie vitalen Interessen und der Selbstbehauptung dient. Sie hat dann einen defensiven Charakter. Bösartig ist Aggression, wenn Grausamkeit um ihrer selbst willen ausgeführt wird. Die destruktiv wirkende Seite der Aggression ist häufig eine Folge von Frustration, sie wurzelt nicht primär in der Natur des Menschen, sondern wird erlernt, zum Beispiel durch eine lieblose und gewalttätige Atmosphäre in der Kernfamilie oder in der das Individuum umgebenden Gesellschaft. Sowohl individuelle Krisen als auch Krisen in größeren Gruppen, Streitigkeiten und Gewalt in der Familie sowie nationalistisch motivierte Verhetzungen sind aus Frustration und narzisstischer Kränkung erwachsene Phänomene. Weiterhin tritt Aggression auch als Folge einer Zurückweisung auf. Besteht zwischen dem Zurückgewiesenen und dem Zurückweisenden ein Machtgefälle, kann eine unheilvolle Dynamik entstehen.

Jeder kennt das Gefühl, zurückgewiesen zu werden. Es ist kein angenehmes Gefühl, vor allem wenn eine erotische Avance abgewiesen wird. In der Regel schämt man sich als Abgewiesener, man fragt sich, ob man vielleicht nicht attraktiv genug ist oder einen Fehler bei der Annäherung gemacht hat. Im nächsten Schritt redet man sich selbst vielleicht ein, dass der oder die Abweisende ohnehin nicht so besonders attraktiv ist, man wendet sich trotzig von ihm oder ihr ab, vielleicht wünscht man dem oder der anderen auch noch etwas Schlechtes, jedenfalls kein Liebesglück mit einer dritten Person. Wie sieht es nun aus, wenn eine solche Zurückweisung in einem Umfeld stattfindet, in dem der oder die Abgewiesene über Macht über den anderen verfügt? Wenn sich zum Beispiel ein Seminarleiter einer jungen Referendarin nähert, die ihn aber zurückweist? Es kann dann passieren, dass er dies als Kränkung empfindet und Aggressionen gegen die Referendarin entwickelt. Diese Aggressionen kann er in einem ungleichen Machtverhältnis ausleben, indem er ihr das Leben absichtlich schwermacht. Er wird vielleicht vor den Kollegen schlecht über sie reden, sie als inkompetent und unzuverlässig darstellen, er könnte auch dafür sorgen, dass sie oft für Vertretungsstunden eingeteilt wird, ihr viele ehrenamtliche Aufgaben aufhalsen und am Ende ein schlechtes Zeugnis für sie ausstellen. In diesem Fall hätte er seine Macht über die Referendarin gegen diese verwendet. Wie im Machtgefüge der Kirche mit Aggressivität infolge einer Zurückweisung umgegangen werden kann, zeigt ein Fall, der sich in einer Ordensgemeinschaft zugetragen hat:

Schwester Anna war erst Ende dreißig, aber in ihrem dunklen Haar schlängelten sich bereits die ersten grauen Strähnen. Zusammengesunken saß sie vor mir und starrte auf den Boden, während sie stockend erzählte, warum sie nicht mehr leben wolle. Zwei Suizidversuche hatte sie bereits hinter sich, den zweiten hätte sie fast nicht überlebt. Zufällig hatte jemand sie rechtzeitig entdeckt und Hilfe geholt.

Als Kind war sie von den anderen Kindern verspottet worden, weil sie etwas übergewichtig war und nicht so flink und frech wie die anderen. Als sie mit siebzehn Jahren ins Kloster ging, war sie daran gewöhnt, anders zu sein und nicht dazuzugehören. Auch hier hielt sie sich zurück, ließ anderen den Vortritt und nahm eine Position außerhalb der Gemeinschaft ein, so wie sie es gewohnt war. Nach dem Abendgebet, wenn die anderen noch plaudernd zusammenstanden, verabschiedete sie sich und ging in ihr Zimmer. Wenn die anderen während der Arbeit am Tag zusammen Pause machten, arbeitete sie stur weiter. Sie ging davon aus, dass sie ohnehin störte und nicht dabei sein sollte. Die Oberin des Klosters war eine strenge Frau, die keine Verstöße gegen die Regeln durchgehen ließ und einen ausgeprägten Sinn für Ordnung hatte. Aber wenn sie Schwester Anna ansah, wurden ihre Gesichtszüge weich und freundlich. Sie bemerkte, dass die junge Frau Schwierigkeiten hatte, sich zu integrieren, und wollte ihr helfen. Nach dem Abendgebet bat sie Schwester Anna, doch noch einen Augenblick bei ihr und den anderen zu stehen, sie bezog sie in Gespräche ein und fragte immer wieder nach ihrer Meinung. Sie sorgte auch dafür, dass die anderen Schwestern auf sie achteten. Wenn sie eine Pause machten, forderten sie Schwester Anna nun auf, die Arbeit ebenfalls kurz niederzulegen und mitzukommen. Sie lächelten sie öfter an und baten sie um Rat. Die Oberin kümmerte sich aber auch ganz persönlich um das Wohl von Schwester Anna. Die konnte kaum glauben, dass sich jemand in dieser Art für sie einsetzte, und war der Oberin sehr dankbar. Zum ersten Mal in ihrem Leben fühlte sie sich angenommen und gemocht.

Einmal nahm die Oberin Schwester Anna mit zu einem Waldspaziergang. Die beiden Frauen unterhielten sich angeregt und setzten sich schließlich auf eine Bank. »Komm, leg deinen Kopf auf meinen Schoß«, forderte die Oberin die Nonne auf. Schwester Anna tat das, aber etwas an der Art, wie die Oberin sie dann streichelte, irritierte sie. Als sie den schneller werdenden Atem der Frau hörte, wurde ihr klar, dass hier etwas vor sich ging, was nicht mit dem Keuschheitsgelübde vereinbar war. Sie hielt aber still und wagte es nicht, sich zu rühren, bis sich der Atem der Oberin beruhigte. In der Nacht lag Schwester Anna wach. Sie versuchte zu verstehen, was im Wald geschehen war. Sie wusste, dass sie sich der Oberin nicht widersetzen konnte, aber sie wusste auch, dass das, was sie mit ihr getan hatte, nicht richtig war. Schwester Anna versuchte der Oberin aus dem Weg zu gehen, aber das gelang ihr im Klosteralltag kaum. Immer wieder kam es zu Situationen, in denen sie mit der Frau allein war. Sobald die Oberin dann wieder zärtlich wurde, versteifte sich Schwester Anna und suchte nach einer Ausrede, um sich der Situation zu entziehen. Die Oberin ließ sich davon nicht beirren.

Schwester Anna konnte nicht mehr schlafen, verlor ihren Appetit und isolierte sich wieder mehr von den anderen. Es schien ihr unmöglich, mit jemandem über ihr Problem zu sprechen. Irgendwann hielt sie es nicht mehr aus. »Das darfst du nicht tun!«, sagte sie zur Oberin, als die sich ihr wieder einmal näherte. Das Gesicht der Oberin wurde grau. Sie starrte die Nonne mit einer solchen Kälte an, dass diese Angst bekam. Von diesem Tag an änderte sich das Verhalten der Oberin gegenüber Schwester Anna. Sie bat sie nicht mehr, ihr Gesellschaft zu leisten. Wenn sie mit der Schwester redete, blieben ihre Gesichtszüge hart und streng. Einmal kam sie in die Küche, als Schwester Anna gerade dabei war, dort sauberzumachen.

»Das muss schneller gehen«, sagte die Oberin.

Schwester Anna nickte nur stumm und beeilte sich. Sie spürte den bohrenden Blick der Oberin in ihrem Rücken, dann scheppperte es. Ein paar Teller und Tassen, die auf der Arbeitsfläche gestanden hatten, waren auf den Fußboden gefallen und zerbrochen. Die Oberin hatte sie mit ihrem Arm heruntergefegt.

»Pass doch auf!«, hörte Schwester Anna die Oberin zischen.

Die Schwester sah verwirrt auf die Scherben am Boden, dann blickte sie fragend die Oberin an.

»Ja, guck doch nicht so, mach das weg!«, verlangte die. Während Schwester Anna nach dem Lappen und dem Eimer griff, hörte sie die Oberin sagen: »Du bist so furchtbar ungeschickt und merkst es nicht einmal!« Dann ließ sie Schwester Anna allein. Von da an geschahen Dinge dieser Art öfter. Schwester Anna legte ein Kräuterbeet im Klostergarten an, am nächsten Tag war es zerstört, und sie musste ihre Arbeit noch einmal von vorne beginnen. Schwester Anna wischte den Boden in der großen Halle, wenige Minuten später ging die Oberin hindurch, und alles war wieder voller Dreck und Staub, und die Mühe war umsonst gewesen. Besonders schlimm war es, wenn die Oberin vor den anderen Schwestern abfällig über Schwester Annas Ungeschicklichkeit sprach. Niemand bat sie mehr, ihre Arbeit liegenzulassen, um sich zu den anderen zu gesellen. Wenn die Oberin jetzt Schwester Annas Namen rief, dann klang das scharf und fordernd. Schwester Anna zuckte jedes Mal zusammen und wünschte, sie könnte sich vor der Wut der Oberin verstecken. Einige der anderen Schwestern übernahmen die abfällige Art der Oberin, mit Schwester Anna umzugehen, die anderen schwiegen zu den offenkundigen Schikanen gegen ihre Mitschwester. Keine versuchte, ihr beizustehen oder ihr zu helfen. Wenn Schwester Anna beim Abendgebet in der Kapelle die Tränen über die Wangen liefen, sahen alle zur Seite. Die meisten machten einen Bogen um sie, als hätten sie Angst, selbst ins Visier der Oberin zu geraten, wenn sie sich mit der Außenseiterin abgaben. Wieder war Schwester Anna in der Rolle der Ausgegrenzten und Einsamen, aber dieses Mal war es schlimmer für sie, weil sie keinen Ausweg sah. Das Kloster war für sie eine Flucht vor den Bosheiten ihrer Mitmenschen gewesen. Sie hatte gehofft, hier endlich in Frieden mit den anderen Schwestern leben zu können. Jetzt wusste sie keinen Ort mehr, an den sie fliehen konnte. Die Tabletten nahm sie, als sie es nicht mehr aushielt. Sie sah keine andere Möglichkeit mehr, etwas zu verändern. Als man sie noch lebend fand und den Notarzt rief, war sie froh. Aber diese Tat änderte nichts. Im Kloster trieb sie die Stimme der Oberin weiterhin an, sie wurde faul genannt und unfähig, und während die anderen zusammen sangen, aßen oder einfach redeten, musste sie oft unsinnige Arbeiten verrichten. Nach ihrem Suizidversuch schienen Schwester Anna die Gemeinheiten der Oberin noch schlimmer. Irgendwann wusste sie wieder nicht weiter. Ihr war klar, dass Selbstmord eine schlimme Sünde war, aber das hielt sie nicht mehr ab. Erneut wurde sie rechtzeitig gefunden, aber dieses Mal war sie nicht froh. Dass sie weiterlebte, bedeutete für Schwester Anna hauptsächlich, dass ihr Leiden verlängert wurde. Nach dieser Tat wurde sie in ein anderes Kloster versetzt. Aber auch dort konnte Schwester Anna keinen neuen Lebensmut finden. Es gab nichts mehr, an dem sie sich freuen konnte, und wenn sie die Wahl gehabt hätte, wäre sie lieber tot gewesen. Von den sexuellen Annäherungen der Oberin konnte sie mir erst nach einigen Analysestunden erzählen. Lange suchte sie die Schuld für das sadistische Verhalten der Frau bei sich.

Schwester Anna hatte sich als Kind oft ausgeschlossen und unerwünscht gefühlt. Im Sinne der zwanghaften Wiederholung begab sie sich im Kloster ganz selbstverständlich wieder in die ihr vertraute Außenseiterrolle. Unbewusst führte sie Situationen herbei, die ihr eine Sonderstellung einbrachten. Durch die Zuneigung der Oberin kam sie dann wieder genau in diese Lage und wurde erneut von den anderen Schwestern ausgeschlossen. Die Opferrolle kannte Schwester Anna schon gut, deshalb fügte sie sich ohne Widerspruch hinein, als die Schikanen begannen. Gegen die Annäherungsversuche der Oberin konnte sie sich nur wehren, weil alles, was mit Sexualität zu tun hatte, für sie mit existentiellen Scham- und Schuldgefühlen verbunden war. Den Aggressionen der Oberin sah sie sich eher gewachsen als den Schuldgefühlen, die sie gehabt hätte, wenn sie sich ihr hingegeben hätte.

In der Therapie zeigte sich, dass Schwester Anna große Angst hatte, nicht mehr gemocht und geliebt zu werden, wenn sie eine eigene Position bezog. In der Regel schloss sie sich dem Willen anderer an, ohne ihre eigenen Wünsche zu formulieren. Als sie mit der Einsamkeit und Hilflosigkeit konfrontiert wurde, die sie in ihrer Kindheit gefühlt hatte, wurde sie sehr traurig. Ihr wurde klar, dass sie so gut wie keinen Schutz und keine Unterstützung erfahren hatte. Doch durch diese Erkenntnis entdeckte Schwester Anna eine kreative Seite an sich. Es gelang ihr, ihre Trauer auszudrücken, und so fand sie aus den Abhängigkeitsverhältnissen, in die sie sich begeben hatte, hinaus.

»Sie sind ein wunderbarer Mensch, Schwester Anna«, sagte ich ihr immer wieder. »An Ihnen ist alles so in Ordnung, wie es ist. Gott hat Sie so gemacht, und genauso liebt er sie auch.« Als ich das zum ersten Mal zu ihr sagte, schüttelte sie ungläubig den Kopf, als würde ich etwas vollkommen Unsinniges sagen. Viele Monate später huschte dann zum ersten Mal ein Lächeln über ihr Gesicht, als ich diese Sätze wiederholte.

Menschen wie Schwester Anna, die innerhalb des Machtsystems der Kirche sexuell bedrängt, missbraucht, ausgestoßen und schikaniert werden, begegnen mir sehr häufig, aber ich habe auch mit denen zu tun, die bedrängen, missbrauchen und schikanieren. Natürlich erlebt man derartige Ereignisse auch in Arbeitsverhältnissen in der freien Wirtschaft, aber in diesen Systemen sucht niemand Schutz vor der Bosheit der Menschen, und die Repräsentanten stehen nicht für Nächstenliebe und moralische Integrität. Treten Amtsträger der Kirche aber als Peiniger auf, ist es für das Opfer sehr schwer, sich abzuwenden. Die Ablehnung eines Amtsträgers kommt für viele einer Ablehnung der Kirche gleich und kann zu schweren Glaubenskrisen führen. Ein Opfer kann sich dann mit Gedanken quälen wie: »Wenn nicht mal die Kirche als Institution des Glaubens an Gott mir Schutz bietet, wer kann mir dann noch helfen?« Kirche und Glaube bieten dann keinen Trost mehr. Ähnliche Schwierigkeiten hat ein Kind, das von einem Elternteil missbraucht wird. Häufig lässt es diese Taten lieber über sich ergehen, wenn es sonst befürchten muss, dass die Familie auseinanderbricht und ihm keinen Halt mehr bieten kann.

Psychisch labile Amtsträger

Menschen gehen sehr unterschiedlich mit Macht um. Der eine legt großen Wert darauf, dass jeder weiß, welche Titel er trägt, welche Preise er gewonnen hat und wer alles auf seine Anweisungen hören muss. Andere wiederum sehen Titel, Preise und Stellung mehr als Nebenprodukt ihrer Arbeit. Das ist zum Beispiel so bei dem jungen Mann, der sich für Physik interessiert und wissen möchte, aus welchen Teilen die Welt besteht. Er arbeitet hart, bekommt Stipendien und Preise und erhält die Möglichkeit, in einem gut ausgestatteten Institut mit vielen Mitarbeitern zu forschen. Für diesen Mann ist in erster Linie wichtig, dass er seine Forschung vorantreiben kann. Die Machtposition, in die ihn seine Arbeit gebracht hat, ist nur ein Nebeneffekt seines Strebens nach mehr Wissen. Sie ist nicht notwendig für ihn, denn sein Selbstbewusstsein ist gut entwickelt. Er fühlt sich auch ohne diese Position als vollwertiger Mensch. Dem anderen Machttyp ist es dagegen relativ egal, auf welchem Gebiet er zu Ruhm und Ehre kommt, denn für ihn steht Anerkennung im Vordergrund. Die Sache, um die es geht, ist dagegen nebensächlich. Er braucht das Gefühl der Macht, um sein Selbstbewusstsein überhaupt erst aufzubauen. Ich erlebe überdurchschnittlich oft Menschen des zweiten Machttyps in kirchlichen Ämtern, denen ein natürliches Selbstbewusstsein fehlt und die Macht brauchen, um ihr Selbstbewusstsein aufzubauen. Dieser Aspekt hat sich gerade in den letzten zwei Jahrzehnten verstärkt. In der ersten Hälfte des 20. Jahrhunderts hat es durchaus, gerade in der katholischen Kirche, viele Amtsträger mit Charisma gegeben, die mit ihrer Macht gut umgehen konnten. Dieser Menschentyp ist jedoch in kirchlichen Ämtern aktuell nur noch selten zu finden. Ich sehe bei meinen biographischen Anamnesen viele, die sich als Kind machtlos gefühlt haben. Sie wurden vernachlässigt und ausgeschlossen. Innerhalb der Hierarchie der Kirche passen sie sich an und tun, was von ihnen verlangt wird. Sobald sie aber selbst einen machtvollen Posten erreichen, verlangen sie ihrerseits Unterwürfigkeit und Gehorsam. Um zu begreifen, was diese Menschen antreibt, muss man verstehen, welche Bedeutung Macht für die Psyche eines Menschen hat. Wenn eine Mutter ihrem Kind etwas verbietet, dann kann es passieren, dass das Kind in verzweifeltes Geschrei ausbricht. Das Kind fühlt sich dann ohnmächtig. Es sieht, dass es keine Chance hat, seinen Willen gegen den der Mutter durchzusetzen. Das ist kein schönes Gefühl, und auch manchem Erwachsenen mag nach Schreien zumute sein, wenn er sich dem Willen eines anderen fügen muss. Wenn beispielsweise der Vorgesetzte in der Firma einen anderen befördert, obwohl man selbst an der

Reihe gewesen wäre, wenn einem der Vermieter die Wohnung wegen Eigenbedarfs kündigt oder wenn man ein Bußgeld zahlen soll, das man als ungerecht empfindet.

Niemand möchte machtlos dem Willen anderer ausgeliefert sein. Jeder Mensch möchte die Möglichkeit haben, sich in der Welt zu behaupten und Dinge nach seinem Willen zu gestalten. Das Gefühl »Ich kann etwas bewirken« ist die Grundlage für ein stabiles Selbstbewusstsein. Deshalb sorgen Menschen dafür, dass sie sich mächtig fühlen – zumindest in bestimmten Bereichen. Manche kaufen sich einen Hund, der auf sie hören soll, andere fühlen sich als Patriarch oder Matriarchin in der Familie mächtig, wieder andere haben als Chef einer Firma Macht über ihre Mitarbeiter.

Wie jemand mit Macht und Ohnmacht umgeht, hängt von frühkindlichen Erfahrungen ab. Insbesondere das Gefühl, ausgeschlossen und nicht gewollt zu sein, spielt dabei eine große Rolle. Die Psychoanalyse unterscheidet hier acht Ambivalenzkonflikte, die ein Kind in unterschiedlichen Entwicklungsstufen durchlebt. Drei dieser Konflikte haben entscheidenden Einfluss darauf, wie der Erwachsene später mit Macht umgehen wird.

Im ersten Lebensjahr durchlebt das Kind den sogenannten Selbstwertkonflikt. Es sehnt sich nach Liebe und der versorgenden Nähe einer Bezugsperson. Wird diese Sehnsucht nicht ausreichend erfüllt, kann das zur Folge haben, dass sich eine emotional instabile Persönlichkeit entwickelt. Einem Menschen, der als Baby nicht richtig versorgt wurde, dessen Eltern nicht auf sein Schreien reagiert und ihn nur unregelmäßig gefüttert und gewickelt haben, kann es schwerfallen, anderen Empathie entgegenzubringen. In erster Linie wird er daran denken, seine eigenen Bedürfnisse zu befriedigen. Er lernt nicht, mit den eigenen Affekten reflektiert umzugehen. Triebhafte, drängende Gefühle überwältigen ihn daher leicht. Zu Freundschaften und tieferen Beziehungen ist er unter Umständen nicht in der Lage. Wenn jemand mit einer solchen emotionalen Störung Macht über andere erhält, dann liegt es nahe, dass er damit nicht verantwortungsvoll umgehen kann. Der Begriff »Konflikt« ist insofern irreführend, als es keine zwei Pole gibt, zwischen denen ein Kind hin- und hergerissen wird. Außerdem können sich am Ende des ersten und mit beginnendem zweiten Lebensjahr auch Entwicklungsdefizite ausbilden, wenn Eltern ihr Kind vordergründig gut versorgen, aber keine positive Spiegelung oder emotionale Beziehung zustande kommt. Eine emotionale Beziehung, die dem Kind Anerkennung und Lob vermittelt, ist in dieser Phase der Entwicklung besonders wichtig. Erfolgt dies nicht, kann sich eine narzisstische Persönlichkeitsstörung entwickeln.

Zum Ende des zweiten Lebensjahres durchlebt das Kind den Autonomie-Abhängigkeits-Konflikt. Es will in dieser Zeit bereits kleinere Dinge alleine erledigen, strebt also nach Autonomie. Es ist aber noch sehr abhängig von der versorgenden Liebe der Eltern. Wird die Autonomiebestrebung in dieser Phase von den Eltern behindert, dann bekommt das Kind unter Umständen Angst, die Eltern durch derartige Bestrebungen zu verlieren. Nehmen wir als Beispiel die kleine Anita. Sie ist knapp zwei Jahre und möchte gerne ihre Schuhe selbst anziehen. Der Mutter dauert das aber zu lange, sie hat es immer eilig, wenn sie aus dem Haus geht, und möchte keine Zeit verlieren. Deshalb verbietet sie Anita das selbständige Anziehen der Schuhe und macht es selbst. Anitas Wunsch nach Autonomie wird abgelehnt. An dieser Stelle spielt jetzt eine zweite Bezugsperson eine große Rolle, in vielen Fällen der Vater. Der könnte jetzt zu Anita sagen: »Weißt du was, der Mama dauert das jetzt zu lange, aber wenn wir beide gleich zum Spielplatz gehen, dann kannst du deine Schuhe selbst anziehen.« Er heißt damit Anitas Selbständigkeit gut und unterstützt sie. Würde er sich aber nun auf die Seite der Mutter schlagen und sagen: »Du tust jetzt, was die Mama sagt. Schluss aus!«, dann wäre Anita allein mit ihrem abgewiesenen Wunsch nach Autonomie. Sie wäre in der Dreierkonstellation – Mutter, Vater, Anita – die ausgeschlossene Dritte. Kommt so etwas in dieser Phase häufiger vor, wird Anita versuchen, nicht mehr in dieser Weise ausgestoßen zu werden. Sie wird sich anpassen und unterordnen. Bestrebungen und Impulse, die sie von den Eltern trennen könnten, wird sie in der Folge unterdrücken, auch sexuelle und aggressive Gefühle. Die Angst, dass ein geliebter Mensch sich aufgrund bestimmter Handlungen von ihr trennen könnte, wird ihre sozialen Kontakte prägen. Sie wird nichts zur Sprache bringen, was einer Beziehung schaden könnte. In einer strengen Hierarchie würde Anita sich gut zurechtfinden, da sie gelernt hat, sich anzupassen und zu gehorchen. Käme sie nun selbst in ein Amt, in dem sie Macht über andere hätte, könnte es sein, dass sie mit der gleichen Härte gegen andere agiert, die sie zuvor selbst erfahren hat.

Aufgrund der Dreierbeziehung zwischen Vater, Mutter und Kind, die beim Autonomie-Abhängigkeits-Konflikt eine Rolle spielt, spricht man auch von einem Triangulierungskonflikt. Um einen solchen handelt es sich auch beim ödipalen Konflikt, in dem sich ein Kind zwischen dem vierten und dem sechsten Lebensjahr befindet. Es ist in dieser Phase zwischen dem Bedürfnis, exklusiv einen Elternteil für sich zu haben, und dem, zwischen beiden Eltern geborgen zu sein, hin- und hergerissen. Das Kind wendet sich immer wieder jeweils nur einem Elternteil zu, während es den anderen ablehnt. Der gegengeschlechtliche Elternteil spielt dabei bei heterosexuellen Kindern eine größere Rolle. Die kleine Anita würde dann, inzwischen vier Jahre alt, zum Beispiel auf den Schoß des Vaters klettern und ihm sagen, dass sie ihn heiraten möchte. Wenn der auf die Mutter verweist, dann könnte sie antworten, dass die Mama ja dann die Oma heiraten könne. Im nächsten Moment beharrt Anita dann darauf, dass nur die Mama ihr die Jacke anziehen darf. Der Papa dagegen soll weggehen. Viele Kinder drängen sich in dieser Phase auch zwischen die Eltern, wenn diese Zärtlichkeiten austauschen. Sie wollen verhindern, dass sie ausgeschlossen und so machtlos werden. Indem sie sich einem Elternteil zuwenden, konkurrieren sie mit dem anderen Elternteil um dessen Liebe. Sie wollen dann der attraktivere Partner sein. Empfinden sie sich aber in dieser Phase häufig selbst als ausgeschlossen, werden sie versuchen, dieses Gefühl möglichst zu vermeiden. Sobald sie etwas begehren, wollen sie mögliche Rivalen ausschalten, um das gewünschte Objekt besitzen zu können. Auch diese Menschen werden eher nicht verantwortlich mit Macht umgehen können.

Durch die beiden beschriebenen Triangulierungskonflikte erfährt ein Kind schon sehr früh, dass es als ausgeschlossener Dritter machtlos ist, aber mit anderen zusammen Macht ausüben kann. Und je deutlicher jemand sich als Kind ausgeschlossen fühlte, desto mehr bemühte er sich später, nicht wieder in diese Position zu geraten. Das kann zu einer regelrechten Sucht werden.

Wie das ausgehen kann, lässt sich an einem Beispiel skizzieren: Fritz wird in der Schule immer gehänselt. Erst wegen seiner abstehenden Ohren, später wegen seiner etwas steifen Art. Die anderen finden immer einen Grund, um ihn auszuschließen und zu demütigen. Dann wird Fritz älter, er schließt die Schule ab und wird Lehrer. Als Lehrer hat er Macht über seine Schüler. Diese sind darauf angewiesen, dass er ihre Leistungen wertschätzt und ihnen gute Noten gibt. Lehrer Fritz zeigt den Schülern sehr deutlich, dass sie von ihm abhängig sind. Mit der gleichen Willkür, mit der er früher gehänselt wurde, schikaniert er nun seine Schüler, er verteilt Sechsen, lässt nachsitzen, bewertet auch mal eine gute Leistung schlecht und macht sich vor der ganzen Klasse über einzelne Schüler lustig. Es geht ihm dann nicht um Wissensvermittlung, sondern darum, dass ihm und seinem Amt die gebührende Anerkennung entgegengebracht werden.

Fritz hat jetzt zwar die Machtposition eines Erwachsenen, aber er reagiert auf seine Macht wie ein Kind. Innerlich ist er noch immer der kleine, ausgelachte, ausgeschlossene Junge geblieben. Nun bringt er seine Schüler in Situationen, in denen er selbst früher war. Er schikaniert und lacht aus, wahrscheinlich ohne überhaupt zu merken, dass er das tut. Erst wenn es Beschwerden gibt und der Direktor dem Lehrer nahelegt, eine Therapie zu machen, weil er sonst nicht weiter beschäftigt werden kann, wird Fritz beginnen, über sein Verhalten nachzudenken.

Überträgt man diese Geschichte auf die Kirche, wird es

einem mulmig. Man stelle sich jemanden wie Fritz auf einem Bischofsstuhl vor. Wer würde ihn dann darauf hinweisen, dass er sich mit seiner sadistischen Seite befassen muss, um seine Arbeit ordentlich machen zu können? Wie Macht, mangelndes Selbstbewusstsein und ödipaler Konflikt innerhalb der Kirche auch wirken können, dazu möchte ich hier noch einmal ein Beispiel aus meiner Praxis erzählen.

Der katholische Pfarrer Wolfgang K. hatte sich nicht mehr im Griff. Ohne dass er sich erklären konnte, warum, kamen ihm die Tränen. Dann wieder hatte er Panikattacken und traute sich kaum, das Haus zu verlassen. An anderen Tagen fühlte er sich leer und freudlos und konnte nichts Schönes mehr am Leben finden. Ein paarmal war er kurz davor, sich umzubringen. Er hatte es dann nicht getan, weil er fürchtete, dass ihn das noch sündiger gemacht hätte. »Ich glaube manchmal, es ist alles falsch gewesen«, gestand er mir. »Das Theologiestudium, die Kirche, das Amt als Pfarrer. Das ist manchmal, als hätte das gar nichts mit mir zu tun.« Er sprach schnell, so als hätte er Angst, dass die Worte sonst nicht mehr herauskämen.

Er erzählte von zwei fünfzehnjährigen Mädchen, die in seiner Jugendgruppe waren. Immerzu musste er ihnen in den Ausschnitt starren. Er konnte nicht anders. Jeder Versuch, dagegen anzukämpfen, machte es nur noch schlimmer. Zu Hause sah er sich im Internet Pornos an – mit sehr jungen Frauen.

»Aber ich achtete darauf, dass sie mindestens sechzehn sind«, versicherte er hektisch.

Ob die beiden Fünfzehnjährigen seine Blicke bemerkt hatten, wusste er nicht, aber er war sich sicher, dass ein paar der Jungen aus der Gruppe ihm auf die Schliche gekommen waren. Wolfgang K. glaubte sogar, dass sie sich längst in seinen Computer gehackt und seine Pornobilder gesehen hatten. Jedes Lachen dieser Jungen bestätigte ihm seine Vermutung. Er lachte gequält, als er davon erzählte. Seine Fixierung auf die Körper der jungen Mädchen und seine verzweifelten Versuche, diese zu verbergen, bestimmten sein ganzes Leben.

»Am schlimmsten war es in der letzten Woche«, erzählte er weiter. »Ich stand im Gottesdienst am Ambo und konnte den Evangeliumstext nicht lesen. Der Text lag vor mir, ich konnte auch die Worte sehen, aber ich konnte einfach nicht sprechen.« Er sah mich verzweifelt an. »Das war nicht das erste Mal. Ich stand da vorne und konnte nichts sagen. Alles war still. Alle haben mich angestarrt. Irgendwann habe ich einer Lektorin mit der Hand ein Zeichen gemacht, damit sie den Text für mich liest. Es war mir so peinlich.« Er stützte seinen Kopf in beide Hände und murmelte. »Ich bin kein guter Pfarrer. Eigentlich bin ich gar kein Pfarrer.«

Wolfgang K. seufzte tief, als ich ihn nach seiner Kindheit befragte. Er war auf dem Land aufgewachsen. Zusammen mit ihm und den Eltern hatte noch seine Großmutter im Haushalt gelebt. Diese Großmutter war dann auch seine wichtigste Bezugsperson. Mit ihr hatte er sich das Zimmer und sogar das Bett geteilt, bis er dreizehn Jahre alt war. Die Eltern zeigten wenig Gefühl ihm gegenüber. Umarmungen, Trost oder Anerkennung gab es nicht. Vor allem vom Vater hatte sich Wolfgang K. das vergeblich gewünscht. Der Junge war sechs Jahr alt, als er nachts aufwachte, weil der Vater ins Zimmer kam und sich neben die Großmutter ins Bett legte. Er hörte die beiden Erwachsenen stöhnen, dann verließ der Vater das Zimmer wieder. Wolfgang K. blieb still liegen und rührte sich nicht. Er verstand nicht ganz, was passiert war. Die Geräusche hatten ihn beunruhigt, aber da am nächsten Tag niemand ein Wort über den Vorfall verlor, traute er sich nicht nachzufragen. Von da an bekam er öfter mit, dass der Vater nachts zur Oma kam, über viele Jahre. Erst als Wolfgang K. älter wurde, begriff er, was vor sich ging. Bis zur Anamnese hielt er das Geschehen in seinem Bett für einen normalen Vorgang. Er hatte geglaubt, dass der Vater neben der Mutter eben auch die Großmutter habe befriedigen müssen, weil die ja keinen Mann hatte.

Neben diesen Erlebnissen erinnerte sich Wolfgang K. an das Gefühl, dass etwas an ihm nicht richtig war. Er hatte sich einsam und ausgeschlossen gefühlt, bis er mit sieben Jahren Ministrant wurde. Den Dorfpfarrer mochte er besonders gerne, weil der mit seinen Ministranten tolle Ausflüge unternahm und ihnen Süßigkeiten und Geld zusteckte. Wolfgang K. war neun, als der Pfarrer ihn fragte, ob er mit ihm in den Urlaub fahren wolle. Er war sofort begeistert, die Eltern erlaubten ihm die Reise. Mit dem Auto des Pfarrers fuhren die beiden an die Südspitze Italiens. Für Wolfgang K. zerfällt die Erinnerung an diese Reise in zwei Teile. Zum einen genoss er die Fahrt. Er dachte gerne an die Übernachtungen auf Campingplätzen, an die Kirchen, die sie sich ansahen, und an die guten Unterhaltungen zurück. Zum anderen gab es die sexuellen Übergriffe des Dorfpfarrers. Wolfgang K. wusste nicht, wie er sich dazu verhalten sollte. Er hatte das Gefühl, dem Pfarrer nichts abschlagen zu können, weil er ihm etwas schuldig war, gleichzeitig spürte er sehr deutlich, dass das, was geschah, falsch war. Nach der Reise suchte der Pfarrer weiter seine Nähe, das ging sechs Jahre lang. Der Pfarrer sorgte in dieser Zeit dafür, dass Wolfgang K. das Gymnasium besuchen konnte, und bezahlte auch dafür. Wolfgang K. kam auf eine Ordensschule, in der man auf das Leben als Priester vorbereitet wurde.

Als er fünfzehn Jahre alt war, gelang es Wolfgang K., die sexuelle Beziehung zum Dorfpfarrer zu beenden. Dieser nahm ihm das nicht übel, sondern schien einverstanden. Später erfuhr Wolfgang K., dass der Pfarrer sich zu diesem Zeitpunkt bereits an einen zehnjährigen Ministranten herangemacht hatte. Offenbar interessierte er sich hauptsächlich für Jungen zwischen dem achten und dem vierzehnten Lebensjahr. Obwohl er zunächst erleichtert über die problemlose Trennung war, fühlte sich Wolfgang K. bald matt und antriebslos, als wäre alles Schöne aus seinem Leben verschwunden. Es gab Tage, an denen er stundenlang weinte, er ging kaum aus dem Haus und mied den Kontakt zu anderen. Damals hatte er zum ersten Mal an der depressiven Verstimmung gelitten, wegen der er mich aufsuchte. Als er fünfzehn war, war diese Phase aber einfach vorbeigegangen. In dieser Zeit stellte Wolfgang K. mit Erleichterung fest, dass er sich für Mädchen interessierte. Solange das Verhältnis mit dem Pfarrer andauerte, hatte er befürchtet, homosexuell zu sein.

Nach der Schule begann Wolfgang K. ein Theologiestudium und lernte nach einigen Semestern durch Zufall die

Frau seines Professors kennen, mit der er eine Affäre begann. Sie trafen sich in einem Stundenhotel oder bei ihr zu Hause, wenn der Professor verreist war. Zwei Jahre hielt diese Verbindung, während Wolfgang K. als Priesteranwärter eigentlich schon dem zölibatären Leben verpflichtet war. Die Depressionen kamen wieder, als er bereits seit einigen Jahren im Pfarramt tätig war. Er fühlte sich elend, schwach und freudlos. Vor allem plagten ihn jetzt Schuldgefühle wegen des Dorfpfarrers und der Frau seines Professors. Als Priester schämte er sich dieser Vergangenheit und konnte sie sich nicht verzeihen. Das Leben hatte für ihn jeden Reiz verloren. Mit Hilfe von Medikamenten ging es ihm schließlich besser. Was ihm auch half, war der Kontakt zu einer jungen Religionslehrerin, mit der er schließlich eine sexuelle Beziehung einging. Nach einer sehr leidenschaftlichen Phase erlosch plötzlich das sexuelle Interesse an dieser Frau. Gleichzeitig wurde seine Faszination für die Brüste der jugendlichen Mädchen aus der Jugendgruppe, die er leitete, immer stärker. Diese Mädchen, die pornographischen Bilder und das Masturbieren erschienen ihm noch viel sündiger als die sexuelle Verbindung zu der Religionslehrerin, die ihm nach wie vor zärtlich zugetan war. Doch diese Frau begehrte er nicht mehr. Es war, als könnten ihn nur extrem verbotene Dinge sexuell anziehen. Das war sehr verwirrend für Wolfgang K., und er wusste nicht, wie er sich in diesem Gefühlschaos verhalten sollte.

In der Analyse wandten wir uns dann den verstörenden sexuellen Erlebnissen aus der Kindheit zu, vor allem der sexuellen Beziehung zwischen dem Vater und der Großmutter, die Wolfgang K. beobachtet hatte. Er hatte gespürt, dass er in dieser Verbindung keine Rolle spielte, und fühlte sich in der Folge einsam und ausgeschlossen. Im Laufe der Analyse wurde ihm klar, dass er diese Gefühle in seinem weiteren Leben immer wieder versucht hatte zu vermeiden. Selbst in der Beziehung zum Dorfpfarrer hat er sich nicht nur hilflos ausgeliefert empfunden, sondern zuweilen auch machtvoll. Zum einen wurde er durch diese Beziehung zum Oberministranten und hatte dadurch eine gewisse Macht über die anderen Ministranten, zum andern hatte er auch Macht über den Pfarrer. Es kam vor, dass der ihn auf Knien anflehte, mit ihm Sex zu haben. Das Gefühl, derartigen Einfluss auf einen Mann in dieser Position zu haben, war Wolfgang K. viel wichtiger als die sexuelle Befriedigung. Gleichzeitig begab er sich völlig in die Hände des Pfarrers und glaubte, dass das, was sie taten, irgendwie in Ordnung sein müsse, wenn der Pfarrer es tat. Auch in der Analyse fiel es ihm schwer, das Wort Missbrauch mit dem, was er mit dem Pfarrer erlebt hatte, in Verbindung zu bringen. Denn er hatte in dem Mann auch jemanden gesehen, der sich liebevoll um ihn kümmerte und ihn förderte. Er fühlte sich so sehr in seiner Schuld, dass er sich Wut gegen diesen Mann nicht erlaubte. Wenn in diesem Zusammenhang Aggressionen aufkamen, dann richtete Wolfgang K. sie gegen sich selbst, in Form von Suizidgedanken oder körperlichen Leiden.

Wolfgang K. wurde vor allem von dem Gefühl beherrscht, sich mächtigen Menschen, insbesondere Männern, unterwerfen zu müssen, zum einen dem Vater, zum anderen dem Dorfpfarrer. Vor allem mit Letzterem identifizierte er sich stark. Der Wunsch, Pfarrer zu werden, entstand letztendlich, weil er glaubte, so zu sein wie dieser. Deshalb erschreckte es ihn auch, als er spürte, dass er sich stark zu bestimmten Mädchen aus seiner Jugendgruppe hingezogen fühlte. Er hatte große Angst, wie damals der Dorfpfarrer seine Macht auszunutzen, um mit diesen Mädchen in sexuellen Kontakt zu kommen.

Die Abhängigkeit von Autoritätspersonen war Wolfgang K. nicht bewusst. Der Kirche als seinem Arbeitgeber und seinem Bischof schrieb er große Macht zu. Nach und nach erkannte er aber, dass er im Laufe seines Lebens nur wenige Geistliche kennengelernt hatte, die sich auf geistliche Macht beschränkten und nicht auch weltliche Macht in Anspruch nahmen.

Durch die Behandlung lernte Wolfgang K. sich besser abzugrenzen, er bekam ein stabiles Selbstbild und lernte auf Anerkennung von außen zu verzichten. Auf diese Weise konnte er schließlich auf den suchtartigen Konsum von pornographischen Bildern im Internet verzichten. Auch die Fixierung auf die Brüste junger Mädchen und das Unvermögen, das Evangelium zu lesen, verschwanden. Die sexuelle Beziehung zu seiner Freundin konnte er wiederaufnehmen. Seit der Behandlung ist nicht mehr allein das Verbotene, Geheime für ihn von sexuellem Interesse. Wolfgang K. hat gelernt, dass er mit der Macht, die ihm aufgrund seiner priesterlichen Position obliegt, sorgsam umgehen muss. Er nutzt sie nun ausschließlich im geistlichen Bereich.

Im Laufe der Jahre, die ich nun schon als Arzt arbeite, habe ich immer wieder gesehen, dass Menschen, die psychisch labil sind, sich von klaren Hierarchien angesprochen fühlen. Bei vielen dieser Menschen erkenne ich entweder eine narzisstische Persönlichkeitsstruktur oder eine emotional instabile Entwicklung. Dabei ist Anerkennung für diese Menschen extrem wichtig, um ihr Selbstbewusstsein aufzubauen. Zugleich haben sie ein unrealistisches Selbstbild, sie überschätzen ihre eigenen Fähigkeiten und sind nicht kritikfähig, weil sie nicht akzeptieren können, dass auch sie Fehler machen. Typisch für Menschen, die unter einer narzisstischen Persönlichkeitsstruktur leiden, ist auch, dass sie die Bedürfnisse anderer kaum wahrnehmen.

Sehe ich mir die Lebensgeschichten von Menschen an, die in die Politik gehen oder kirchliche Berufe ausüben, stelle ich fest, dass überdurchschnittlich viele als Kind Außenseiter waren, dass sie in der Schule nicht integriert waren und keiner sie beim Sport in seiner Mannschaft haben wollte. Meist geht die Biographie so weiter, dass sie früh ihren Platz in einer kirchlichen Jugendgruppe finden (oder eben in einer politischen Gruppierung, in einem hierarchisch gegliederten Verein), dort übernehmen sie dann Arbeiten, die kein anderer machen will, und dienen sich so langsam hoch. Sie tun, was die auf den hohen Posten sagen, und irgendwann haben sie selbst einen dieser Posten und erwarten ganz selbstverständlich, dass nun die anderen tun, was sie von ihnen verlangen. Insbesondere kirchliche Strukturen lassen zu, dass Menschen, denen Macht und Anerkennung wichtiger als die Auseinandersetzung mit theologischen Inhalten sind, weiterkommen. Die Geschichte des Pfarrers Vincent P. ist paradigmatisch dafür.

Vincent P. litt seit Jahren unter Depressionen, als ich ihn kennenlernte. Er kam zu mir, weil er befürchtete, dass er sich das Leben nehmen würde, wenn er sich niemandem anvertraute. Er fühlte sich völlig isoliert und einsam.

»Manchmal kann ich nicht einmal ein normales Gespräch führen. Ich fühle mich befangen und isoliert, wenn ich mit Menschen zusammen bin. Dabei gehört das doch zu meinem Beruf«, sagte mein Patient. Er schämte sich, dass ihm das so schwerfiel, und fürchtete, ein schlechter Pfarrer zu sein. Vincent P. war sehr groß, seinen Oberkörper hielt er aber immer ein bisschen gebeugt, so als wollte er auf keinen Fall durch seine Körperlänge auffallen. Neben seinem Priesteramt leitete Vincent P. ein Dekanat. Gleichzeitig klagte er darüber, dass er ständig ausgeschlossen werde und keine engen sozialen Kontakte habe. Er hatte das Gefühl, die anderen mochten ihn nicht besonders und brachten ihn mit Absicht in Situationen, die ihn beschämten. Er berichtete mir von verschiedenen Situationen mit anderen Pfarrern, in denen er sich ausgeschlossen und ausgelacht vorgekommen war. Sie baten ihn nicht dazu, wenn sie in geselliger Runde zusammensaßen. Ein paar machten sich offen über seine etwas umständliche Art zu reden lustig. Auf seine Vorschläge gingen sie oft nicht einmal ein. Im Laufe der Analyse erzählte er auch von seiner Arbeit. In seinem Dekanat gab es offenbar zwei Pfarreien, die auffällig schlecht dastanden. Gelder wurden nicht fristgerecht überwiesen, die verantwortlichen Pfarrer erschienen nicht zu wichtigen Sitzungen und vernachlässigten die Bestimmungen des Bischofs. Als ich nachfragte, stellte sich heraus, dass Vincent P. wichtige Informationen an diese Pfarrer nicht weitergeleitet hatte – er sagte, es sei aus Versehen geschehen. Er hatte Fristen nicht kommuniziert und Einladungen zu Sitzungen nicht verschickt. Es waren immer die gleichen Pfarrer, die er auf diese Weise vernachlässigt hatte. »Ich weiß auch nicht, wie das passieren konnte«, beteuerte Vincent P. Es zeigte sich aber, dass er sich gerade von den beiden Pfarrern, die von den Versäumnissen ganz besonders betroffen waren, oft ausgelacht und zurückgesetzt gefühlt hatte. Unbewusst aggressiv reagierend, hatte er sich bei diesen beiden durch eine scheinbare Gedankenlosigkeit gerächt. Erst viel später konnte er zugeben, dass er den beiden Pfarrern die Informationen vorenthalten hatte, um diese bloßzustellen.

Schon als Kind hatte sich Vincent P. ausgeschlossen und ungewollt gefühlt. Er war das zweite Kind seiner Eltern. Der ältere Bruder war gestorben, bevor Vincent P. auf die Welt kam. Erst in der Analyse wurde ihm klar, dass sein Verhältnis zu seinen Eltern von dem Gefühl dominiert war, ein Ersatz zu sein. Er hatte den Eindruck, als sei er nur auf der Welt, weil sein Bruder gestorben war. Das Gefühl, eigentlich nicht da sein zu dürfen, begleitete ihn schon sein Leben lang. Und dann gab es noch ein anderes Erlebnis in der Kindheit, das ihn prägte: Er wohnte damals mit seinen Eltern in einer kleinen Wohnung, der Vater arbeitete in einer Fabrik und verdiente nicht viel. Als er mal einen Schulkameraden zum Spielen abholen wollte, klingelte er an einem vornehm aussehenden Einfamilienhaus. Die Mutter des Jungen öffnete und sagte zu Vincent P.: »Du wohnst doch da drüben in der Arbeitersiedlung, oder? Mit dir spielt mein Sohn nicht mehr.«

Zu dem Eindruck, er sei von den Eltern ungewollt, kam nun noch das Gefühl hinzu, durch seine Herkunft schlechter zu sein als die anderen.

Vincent P. hatte sich sein Leben lang kleingemacht und angepasst. Hinter seinem Selbstwertdefizit verbarg sich aber auch eine starke Aggressivität. Er hatte sie lange verdrängt, erst nach vielen Analysestunden gelang es ihm, Zugang zu ihr zu finden. Vor allem seine Wut auf den toten Bruder konnte er nicht zulassen. Er fühlte sich schuldig, weil man einem Toten gegenüber keine Aggressionen empfinden dürfe. Das Unterdrücken der Aggressionen begünstigte später das verdeckt-aggressive Vorgehen gegen die beiden Pfarrer aus seinem Dekanat.

Sein schlechtes Selbstwertgefühl kompensierte er, indem er Negatives an anderen fand und sich selbst über diese stellte. Im therapeutischen Prozess war es Vincent P. möglich, auch Wut und Hassgefühle für seinen toten Bruder zu entwickeln. Erst als er sich aggressive Gefühle erlaubte, fiel ihm der Kontakt mit anderen leichter. Er konnte sich noch einmal seinen narzisstischen Kränkungen aus der Kinderzeit stellen. Das Gefühl, auf der Welt sein zu dürfen, wie alle anderen Menschen auch, war für ihn im therapeutischen Prozess eine wichtige Erfahrung. Am Ende der Therapie konnte Vincent P. sich so annehmen, wie er war. Hierbei half ihm auch sein Glaube. Wenn Gott, der ihn schließlich gemacht hatte, ihn so liebte wie er war, dann durfte auch er sich lieben.

Vincent P. konnte aufhören, sich mit anderen zu vergleichen. Die Verantwortung, die ihm durch sein Amt übertragen wurde, trägt er nun, ohne anderen zu schaden.

Neben Machtstruktur und Triebverdrängung spielt die Persönlichkeitsstruktur der Geistlichen eine große Rolle, wenn es um die Häufung von Missbrauchsfällen in der Kirche geht. Immer wieder erlebe ich Kleriker, deren Handlungen und Gefühlsregungen von Defiziten aus ihrer frühen Kindheit bestimmt sind. Menschen, die sich ihr ganzes Leben lang zurückgesetzt fühlten, sind nun ihrerseits in der Lage, andere zurückzusetzen. Durch Zurückdrängung ihrer wichtigsten Triebe werden sie zum Spielball ihrer Gefühle. Sie agieren aggressiv und sexualisiert, während sie sich einreden, im besten Sinne christlich zu handeln. Es ist ihnen nicht möglich, das eigene Tun zu verstehen und richtig einzuordnen. Erschwerend kommt hinzu, dass viele Geistliche emotionale Einschränkungen und Defizite mit sich herumtragen. Kritik und Zurückweisung können sie wieder in die Gefühlswelt ihrer frühen Kindheit zurückversetzen und entsprechende Reaktionen hervorrufen. Während die Gläubigen davon ausgehen, einen gütigen Pfarrer vor sich zu haben, dem sie sich vorbehaltlos anvertrauen können, stehen sie in Wahrheit vor einem Menschen, dessen Handeln unterschwellig von unbewussten und ihm nicht zugänglichen Gefühlen motiviert ist. Machtmissbrauch in den christlichen Kirchen wird durch hierarchische Strukturen befördert, die Motivation für diese Taten geht jedoch von den Tätern aus.

Kapitel 4

Reaktionen der Kirche auf Missbrauchsvorwürfe

Im Januar 2010 erscheint ein Zeitungsartikel in der »Berliner Morgenpost«, in dem es um den sexuellen Missbrauch am Berliner Canisius-Kolleg geht. Es wird berichtet, dass zwei Patres an der von Jesuiten geführten Einrichtung einer großen Anzahl von Schülern jahrelang und systematisch Gewalt angetan hätten. Abgedruckt ist auch ein Brief, den Klaus Mertes, der Rektor der Schule, an die ehemaligen Schüler geschrieben hat. Darin entschuldigt er sich für die Vorfälle und verspricht Aufklärung. Pater Mertes hatte durch ein Gespräch mit ehemaligen Schülern von den Fällen erfahren. Sein Brief richtet sich an die Opfer. Er sollte seine Gesprächsbereitschaft signalisieren. Offenbar hatte einer der Adressaten den Text an die Redaktion der »Berliner Morgenpost« weitergegeben.

In der Folge offenbaren sich immer mehr Männer und Frauen als Opfer von Gewalt auch aus anderen kirchlichen Einrichtungen. Schulen wie St. Blasien und Kloster Ettal geraten in die Medien. In den meisten Fällen geht es um sexuelle Übergriffe. Zu Wort melden sich viele junge Menschen, aber auch ältere, die als Kinder oder Jugendliche missbraucht wurden. Einige hatten ihre Erlebnisse über viele Jahrzehnte verdrängt. Von den Vorwürfen ist vor allem die katholische Kirche betroffen, im Zuge dieser Aufklärungswelle sind jedoch auch Fälle aus evangelischen Einrichtungen bekanntgeworden.

Warum haben so viele Opfer erst so spät und zu diesem Zeitpunkt ihr Schweigen gebrochen?

Niemand wollte sich mit dem Thema befassen. Die Vorstellung, dass Machtmissbrauch in der Kirche stattfindet und dann auch noch auf sexueller Ebene, passte nicht in das Weltbild der Menschen. Repräsentanten der Kirche und die »normalen Gläubigen« wollten an eine Kirche glauben, in der Gewalt keinen Platz hat. Entsprechend verhalten waren die Reaktionen auf frühere Berichte über ähnliche Fälle. Der Missbrauch von Macht und Vertrauen in kirchlichen Einrichtungen war lange ein Tabuthema. Noch im letzten Jahrhundert gab es kein Forum für Missbrauchsopfer kirchlicher Amtsträger und Mitarbeiter. Wer beispielsweise in den fünfziger Jahren erklärt hätte, er sei von einem katholischen Pfarrer missbraucht worden, hätte nicht mit viel Unterstützung rechnen dürfen. Man hätte ihm nicht geglaubt, ihn sogar angefeindet und womöglich für krank erklärt. Sowohl die Repräsentanten der Kirche als auch Laien hätten sich gegen den Vorwurf gewehrt. Schließlich tut ein Pfarrer so etwas nicht.

Klaus Mertes berichtet, dass Vorwürfe dieser Art am Canisius-Kolleg noch in den achtziger Jahren als Lüge zurückgewiesen wurden. Der damalige Direktor der Schule warf Schüler, die sich über sexuelle Übergriffe beklagten, aus seinem Büro. Vermutlich ist es vielen Opfern ähnlich ergangen. Selbst als zu Beginn des Jahrtausends schon einmal einige Missbrauchsfälle aufgedeckt wurden, blieben viele Opfer nach wie vor stumm. Diese Menschen hatten keine Lobby, sie wurden weder von der Kirche noch von Laien ernst genommen.

Was 2010 geschah, war neu. In Pater Mertes' Brief an die

Opfer fanden zum ersten Mal mitfühlende und entschuldigende Worte eines Geistlichen ihren Weg in die Öffentlichkeit. Die Opfer durften nun hoffen, Gehör zu finden. Kein Repräsentant der katholischen Kirche hatte bisher so offen auf Missbrauchsvorwürfe reagiert.

Umgang mit Missbrauchsvorwürfen in der katholischen Kirche

Seit bekannt ist, in welchem Ausmaß missbraucht wurde und dass insbesondere Kinder Opfer dieser Taten sind, hat sich auch der Umgang mit diesen Vorwürfen innerhalb der Kirchen geändert. In der katholischen Kirche gab es lange Zeit keine einheitliche Regelung, wie auf Missbrauchsvorwürfe gegen Geistliche zu reagieren sei. Es war nicht vorgesehen, dass so etwas passiert. Jedes Bistum entschied für sich allein. Oft wurde sehr wenig getan. Zuständigkeiten waren nicht geklärt. Es kam vor, dass Opfer von einer kirchlichen Stelle zur nächsten geschickt wurden, bis sich herausstellte, dass sie sich an den Bischof wenden mussten. Jedes Mal musste das Anliegen noch einmal neu vorgetragen werden, der Fall musste wieder beschrieben werden. Für die Missbrauchsopfer war das eine Zumutung und manchmal eine Retraumatisierung.

Fand der Bischof schließlich Zeit für das Opfer, entschied er, was weiter geschehen sollte. Gewann er den Eindruck, der Vorwurf sei nicht haltbar, wies man das Opfer ab. Wurde dem Verdacht aber doch nachgegangen, dann folgte bei entsprechender Beweislage eine kirchenrechtliche Untersuchung. Als Amtsträger der Kirche unterliegt ein deutscher Priester sowohl dem staatlichen Recht der Bundesrepublik als auch dem kanonischen Recht. Wenn ein Priester beispielsweise gegen das Beichtgeheimnis verstößt oder geweihten Wein wegschüttet, ist eindeutig die kirchliche Instanz zuständig. Nach staatlichem Recht sind das keine Straftatbestände, wohl aber nach kanonischem. Anders liegt der Fall, wenn es um Gewalt geht. Wenn es sich um einen Verstoß gegen die sexuelle Selbstbestimmung handelt, befasst sich das deutsche Strafrecht damit. Gerade im Hinblick auf die Opfer wäre es unbedingt notwendig gewesen, die staatlichen Ermittlungsbehörden frühzeitig mit einzubeziehen.

Regelt die Kirche die Untersuchungen eines Missbrauchsfalles intern, dann bedeutet das, dass der zuständige Bischof entscheidet, welche Strafe angebracht ist. Häufig wird der Täter an eine andere Wirkungsstätte versetzt. Selten wird er tatsächlich suspendiert oder dem Klerikerstand enthoben. Die Praxis der Versetzung hat jedoch leider kaum einen abschreckenden Effekt. Der mutmaßliche Täter wird an anderer Stelle weiterbeschäftigt, als wäre nichts gewesen. Erst im Laufe des Jahres 2010 wird bekannt, dass sich einige Täter bereits mehrfach an verschiedenen Dienststellen an Kindern und Jugendlichen vergangen hatten. Ein Pfarrer aus dem Erzbistum München und Freising beispielsweise wurde nach seiner Versetzung wegen sexuellem Missbrauch von Jugendlichen wieder in der Kinder- und Jugendarbeit eingesetzt. Als es auch dort zu Vorfällen kam, kam er in psychiatrische Behandlung. Obwohl der behandelnde Arzt dringend davon abriet, diesen Mann verantwortlich mit Kindern arbeiten zu lassen, ließ man ihn weiterhin über viele Jahre den Kindergottesdienst leiten und Jugendgruppen betreuen.

Wie sexuelle Übergriffe von Amtsträgern verdrängt und ignoriert wurden, zeigt sich im folgenden Fall.

Ich erinnere mich an eine Ordensschwester, die ohne jegliche sexuelle Erfahrung ins Kloster gegangen war. Dort wurde sie während der Beichte vom Beichtvater zu sexuellen Handlungen genötigt. Der Nonne erklärte er, das sei eine ganz besonders wirksame Methode, sich von Sünden zu befreien. Die unerfahrene Frau vertraute dem Beichtvater. Kurz darauf war ihr oft übel, und ihr Bauch begann anzuschwellen. Die Ordensschwester glaubte, sie sei krank. Als man ihr erklärte, sie sei schwanger, war sie fassungslos. Sie konnte sich einfach nicht erklären, wie das geschehen sein konnte. Ihrer Auffassung nach hatte sie keinen Geschlechtsverkehr gehabt. Als die einzig plausible Möglichkeit erschien ihr, dass ein Wunder an ihr geschehen sei. Sie begann ihre Schwangerschaft für eine unbefleckte Empfängnis zu halten und verglich sich mit der Jungfrau Maria. Nach ihrer Logik konnte es gar nicht anders sein, der Beichtvater hatte sich intensiv mit ihr beschäftigt und sogar besonders wirksame Methoden angewandt. Durch ihn hatte sie auch die Absolution für alle ihre Sünden erhalten. Die Schwangerschaft deutete meine Patientin schließlich als Geschenk Gottes. Sie war sicher, dass er ihr damit zeigte, wie sehr er sie liebte, und dass alle ihre Sünden vergeben waren. So entwickelte sie einen religiösen Wahn, aus dem sie nicht zu befreien war. Sie schützte sich damit vor der Wahrheit, dass ein Mann Gottes sie betrogen und missbraucht hatte. Sie hätte sich niemals verzeihen können, dass sie arglos den Geschlechtsverkehr mit ihrem Beichtvater vollzogen hatte.

Meine Patientin musste den Orden verlassen, als ihre Schwangerschaft entdeckt wurde. Sie kam in eine psychiatrische Klinik und dann zu mir in Behandlung. Heute lebt sie in einer Einrichtung der Kirche für psychisch kranke Menschen. Ihr Kind wurde zur Adoption freigegeben. Bis heute glaubt diese Frau, sie habe es unbefleckt geboren. Der Beichtvater, der sie missbraucht hatte, wurde versetzt und ansonsten nicht weiter belangt.

Der Fall zeigt, dass die Praxis der internen Regelung vor allem das Wohl der Täter in den Blick nimmt, während die Opfer wenig interessieren. Wenn etwas für die Opfer getan wurde, dann bot man ihnen in der Regel Geld an, als Wiedergutmachung. Es kam vor, dass an diese Leistung die Bedingung geknüpft war, den Vorfall für sich zu behalten. Insbesondere wenn aus dem sexuellen Übergriff eine Schwangerschaft entstand, gab die Kirche vor, die finanzielle Zukunft des Ungeborenen sichern zu wollen, verlangte aber im Gegenzug, dass der Vater des Kindes nicht genannt würde.

Seit die vielen Missbrauchsfälle öffentlich wurden, beobachte ich eine Veränderung. Sexuelle Übergriffe erfahren mehr Aufmerksamkeit. Seit 2010 existiert eine von der Deutschen Bischofskonferenz verabschiedete Leitlinie zum Umgang mit Fällen von sexuellem Missbrauch in kirchlichen Einrichtungen, die 2013 überarbeitet wurde. Eine erste Fassung dieser Leitlinie wurde bereits 2002 veröffentlicht, darin war jedoch die Zusammenarbeit mit den staatlichen Ermittlungsbehörden nicht vorgesehen. Die aktuelle Fassung trägt den sperrigen Titel »Leitlinie für den Umgang mit sexuellem Missbrauch Minderjähriger und erwachsener Schutzbefohlener durch Kleriker, Ordensangehörige und andere Mitarbeiterinnen und Mitarbeiter im Bereich der Deutschen Bischofskonferenz«. Darin ist festgehalten, dass die Opfer einen Ansprechpartner bekommen. Jeder Diözesanbischof muss inzwischen mindestens zwei Beauftragte benennen, die im Falle eines Vorwurfs zuständig sind. Ob es sich bei den Beauftragten um Laien oder Geistliche handelt, bleibt dem zuständigen Bischof überlassen. Es wird jedoch hervorgehoben, dass nach Möglichkeit eine Frau vertreten sein soll. Diese Beauftragten sind dann für eine erste Bewertung des Vorwurfs zuständig. Ihnen steht ein Beraterstab aus Fachleuten zur Seite, »insbesondere Frauen und Männer mit psychiatrisch-psychotherapeutischem, pastoralem sowie juristischem und kirchenrechtlichem Sachverstand und fundierter fachlicher Erfahrung und Kompetenz in der Arbeit mit Opfern sexuellen Missbrauchs«.

Wichtig für die Opfer ist, dass in den Leitlinien nun auch die Zusammenarbeit mit der Polizei und anderen staatlichen Verfolgungsbehörden geregelt ist: »Sobald tatsächliche Anhaltspunkte für den Verdacht einer Straftat nach dem 13. Abschnitt oder weiterer sexualbezogener Straftaten des Strafgesetzbuchs (StGB) an Minderjährigen oder erwachsenen Schutzbefohlenen vorliegen, leitet ein Vertreter des Ordinarius die Informationen an die staatliche Strafverfolgungsbehörde und – soweit rechtlich geboten – an andere zuständige Behörden (z. B. Jugendamt, Schulaufsicht) weiter. Rechtliche Verpflichtungen anderer kirchlicher Organe bleiben unberührt.« Die Polizei und andere Behörden werden nur dann nicht informiert, wenn das Opfer dies ausdrücklich wünscht. Die kirchenrechtliche Voruntersuchung ordnet sich der staatlichen unter. Sie wird ausgesetzt, wenn die Strafverfolgungsbehörden dadurch behindert werden.

Die Opferhilfe rückt immer mehr in den Fokus. In den Leitlinien ist festgehalten, dass »therapeutische und seelsorgerische Hilfen« angeboten und vermittelt werden sollen. Dem Opfer bleibt dabei freigestellt, ob es diese Hilfe von einer kirchlichen oder einer nichtkirchlichen Einrichtung in Anspruch nimmt. Darüber hinaus werden »Leistungen in Anerkennung des Leids, das Opfern sexuellen Missbrauchs zugefügt wurde«, beantragt, womit Sachleistungen, aber auch finanzielle Zuwendungen gemeint sind.

In meiner Arbeit mit Tätern und Opfern nehme ich ebenfalls Veränderungen wahr. Opfer berichten selbstverständlicher und mutiger über die Taten. Bei den Tätern erlebe ich nun oft Angst, der eigene Fall könne an die Öffentlichkeit gelangen. Vor den Ereignissen 2010 war das selten der Fall. Täter, die als Amtsträger oder Mitarbeiter der katholischen Kirche ihre Macht missbraucht haben, sind unsicherer geworden. Sie können sich nicht mehr auf die uneingeschränkte Unterstützung der Kirche verlassen.

Diese Leitlinien schaffen Abläufe, die es Opfern ermöglichen, sich zu offenbaren und Hilfe zu bekommen. Das reicht aber noch lange nicht aus.

Amtsträger und Mitarbeiter der Kirche, die ihre Macht missbraucht haben, werden noch immer geschützt. Ein kirchenrechtliches Verfahren gegen einen Missbrauchstäter endet meist noch immer mit der Versetzung des Täters. Selbst wenn der Bischof sich zu einer härteren Strafe entschließt und ihn beispielsweise suspendiert, kann es sein, dass ein anderes Bistum den Täter wieder einstellt. Vor einigen Jahren wurde ein Fall in einem Priesterseminar bekannt. Einige Priesteranwärter warfen dem Leiter des Seminars vor, sie sexuell belästigt zu haben. Der Fall wurde kirchenintern untersucht. Ein Gremium aus Klerikern und Laien wurde einberufen. Man bat einen Psychologen, einen Richter im Ruhestand und einen Pädagogen dazu. Die Polizei wurde nicht eingeschaltet. Am Ende hatte das Gremium genug belastende Beweise zusammen. Der Leiter wurde für schuldig befunden und musste das Priesterseminar verlassen. Kurze Zeit später war dieser Leiter dann in einem anderen Bistum wieder in einem Priesterseminar tätig, obwohl die Vorwürfe gegen ihn bekannt gewesen sein dürften.

Höhergestellte Amtsträger stehen nach wie vor unter besonderem Schutz. In den Leitlinien ist nur bedingt berücksichtigt, dass jemand vom Rang eines Bischofs seine Macht missbrauchen könnte. Es mag eine Rolle gespielt haben, dass sie von der Deutschen Bischofskonferenz verabschiedet wurden. Verantwortlich für das Vorgehen bei einem Missbrauchsvorwurf ist der »Ordinarius«. Damit ist nur scheinbar offengehalten, auf welcher Instanz man sich befindet, in der Regel ist der »Ordinarius« der Diözesanbischof. Es ist nach wie vor unklar, wer zuständig wäre, wenn man einem deutschen Bischof einen Missbrauch vorwerfen würde. Man müsste lange suchen, bis der geeignete Ansprechpartner gefunden wäre, und selbst dann bliebe fraglich, ob überhaupt etwas passiert. Kontrollinstanzen für Bischöfe gibt es nach wie vor nicht.

Die wenigen Fälle in Deutschland, in denen tatsächlich

ein Bischof zurücktreten musste, geschahen erst in jüngerer Zeit. Ein aktuelles Beispiel ist der ehemalige Bischof von Limburg Franz-Peter Tebartz-van Elst. In seinem Fall ging es nicht um (sexualisierte) Gewalt. Er trat zurück, nachdem der Neubau und die Restaurierung des Diözesanen Zentrums Stankt Nikolaus in Limburg um ein Vielfaches teurer geworden waren, als er bereit war zu kommunizieren. Sein Rücktritt geschah erst unter großem öffentlichem Druck. Drei Jahre zuvor hatte der damalige Augsburger Bischof Walter Mixa, zugleich Militärbischof der Bundeswehr, Papst Benedikt XVI. um Enthebung aus dem Amt gebeten, nachdem ihm über die Medien anhaltend Misshandlung von Kindern und Veruntreuung von Geldern vorgeworfen worden war. Die Taten, um die es ging, lagen zum Teil schon sehr lange zurück. Die Vorwürfe waren der Kirche mit großer Wahrscheinlichkeit bekannt. Aber erst als die Presse darüber berichtete, legte man dem Bischof den Rücktritt nahe. Doch Walter Mixa blieb nicht lange ohne Aufgabe. Nach zwei Jahren vorzeitigem Ruhestand wurde er 2013 noch unter Papst Benedikt XVI. als Berater in den Vatikan berufen. Dort sollte er sich um die Seelsorge kranker Menschen kümmern.

Vorfälle, die sich innerhalb kirchlicher Strukturen ereignen, finden selten den Weg in die mediale Öffentlichkeit. Während diejenigen, die als Laien von Amtsträgern der Kirche missbraucht wurden, inzwischen bei einer breiten Öffentlichkeit Gehör finden, wagen es die meisten Missbrauchsopfer aus kirchlichen Reihen noch immer nicht, ihre Geschichte zu erzählen. Nach meiner Erfahrung ereignen sich aber gerade hier die meisten Fälle. Beispiele, wie das der Ordensschwester, die von ihrem Beichtvater geschwängert wurde, zeigen, wie schambesetzt dieses Thema nach wie vor für die Opfer ist. Viele möchten das, was ihnen passiert ist, lieber nicht Missbrauch nennen. Sie nehmen die Schuld der Tat stattdessen auf sich. Auch Fälle von Machtmissbrauch, die nicht auf sexueller Ebene stattfinden, zum Beispiel wenn eine Oberin eine Ordensschwester mobbt, kommen eigentlich nur durch Zufall ans Licht. Sehr oft werden diese Fälle nicht weiterverfolgt.

Problematisch ist auch die Behandlungsweise der Täter. Wenn ihnen eine »behandelbare psychische Störung« attestiert wurde, müssen sie sich inzwischen einer Therapie unterziehen. Grundsätzlich ist das ein sehr guter Ansatz, wenn der Täter tatsächlich bereit ist, sich mit sich selbst und seinen Taten auseinanderzusetzen. Er kann sich über Mechanismen klarwerden, die in ihm wirken, er kann sich ihnen stellen und so schädliche Verhaltensweisen bewältigen und hinter sich lassen. Aber in solch einem therapeutischen Prozess kann auch deutlich werden, dass seine Lebensverhältnisse ihn krank machen oder dem Gesundungsprozess im Weg stehen. Diese Möglichkeit wird von der Kirche meist nicht miteinbezogen. Vor allem nicht, wenn sich herausstellt, dass zum Beispiel die Verdrängung von Sexualität mit zu seiner Krankheit beigetragen hat. Bei vielen Repräsentanten der katholischen Kirche stoße ich auf Unverständnis, wenn ich einem Patienten sage, dass er seine Sexualität leben darf. Papst Benedikt XVI. war beispielsweise der Ansicht, dass Therapie einen Geistlichen lediglich funktionsfähig machen soll, damit er wieder in den Dienst der Kirche treten kann, um dort sein zölibatäres Leben weiterzuführen. Er hat Therapie als Medizin verstanden, die den Kranken von Symptomen befreien soll, ohne dass eine innere Veränderung erfolgt. Doch eine Therapie hat nur dann einen nachhaltigen Effekt, wenn sie einen Menschen befähigt, eigene Entscheidungen verantwortungsvoll zu treffen. Das bedeutet aber auch immer, dass innere pathologische Bilder der Weltwahrnehmung verändert werden müssen. Häufig passt aber genau das nicht in die enge hierarchische Struktur der Kirche.

Es erschüttert mich, dass nach wie vor Menschen mit großen psychischen Schwierigkeiten in hohe Positionen der Kirche gelangen können. Ich erlebe Priester mit einer narzisstischen Persönlichkeitsstörung, die kaum zur Empathie fähig sind, aber jahrelang eine Gemeinde leiten und Seelsorge betreiben. Andere Geistliche haben sadomasochistische Züge und sollen sich um Junge, Alte und Kranke kümmern. Wenn man psychisch labilen Menschen Macht gibt, dann sind die Folgen kaum zu überschauen.

Umgang mit Missbrauchsvorwürfen in der evangelischen Kirche

Regelungen für den Umgang mit Missbrauchsvorwürfen gibt es auch in der evangelischen Kirche erst seit kurzem. Die EKD reagierte auf die vermehrte Berichterstattung über derartige Fälle zu Beginn des Jahrtausends, indem sie im Jahr 2002 »Hinweise für den Umgang mit Fällen von Pädophilie und sexuellem Missbrauch Minderjähriger bei Mitarbeiter/innen der evangelischen Kirche« entwickelte, an denen sich die Gliedkirchen orientieren sollen. Ein extra einberufenes

Gremium hatte diese Hinweise ausgearbeitet. Darin wurden die Regelung von Zuständigkeiten empfohlen, Vorgehensweisen vorgeschlagen und auch die frühzeitige Einbeziehung der entsprechenden Behörden nahegelegt. 2010 wurde dies noch einmal bekräftigt und um Hinweise zum Thema Kinderpornographie erweitert. Wie die katholische Kirche, reagierte also auch die evangelische erst im Jahr 2010 umfassend auf den großen Druck der Öffentlichkeit, obwohl es bereits Ansprechpartner und geregelte Abläufe für diese Fälle gab. 2012 wurden die Hinweise noch einmal erweitert. Unter dem Titel »Hinweise für den Umgang mit Verletzungen der sexuellen Selbstbestimmung durch beruflich und ehrenamtlich Mitarbeitende im kirchlichen Dienst« sind jetzt auch »Leitlinien zur Einschaltung der Strafverfolgungsbehörden« enthalten. Hier wird noch einmal explizit erwähnt, dass diese umfassend zu unterrichten sind.

Auch auf der Ebene der Landeskirchen wurden Ethikkommissionen mit dem Thema betraut. Kirchenkreise und Pfarreien haben ebenfalls Gremien eingerichtet, die für Intervention und Prävention bei Missbrauchsfällen zuständig sind. Wichtig ist, dass die Ansprechpartner für die Opfer unabhängig von der Kirchenleitung sind, damit diese nicht in einen Interessenkonflikt kommen.

Die Bemühungen der evangelischen Kirchen, sexuellen Missbrauch zu ahnden und zu verhindern, unterscheiden sich von denen der katholischen Kirche: Fälle werden offener und weniger schamhaft angegangen. Verdächtige dürfen nicht mehr verantwortlich mit Menschen arbeiten. Bei entsprechender Beweislage werden sie suspendiert. Auch die Öffentlichkeit wird nicht gescheut. Schwierig wird es aber auch hier, wenn Mitarbeiter in höheren Positionen von Vorwürfen betroffen sind. Diese genießen oft noch den Schutz der Kirche. Entsprechende Fälle werden eher zurückhaltend behandelt. Es kommt vor, dass sie nicht bearbeitet werden und so in Vergessenheit geraten. Wieder bleiben Täter im Amt, während die Opfer alleingelassen werden. Im Sommer 2013 berichtete die »Evangelische Sonntagszeitung« für Bayern über einen ehemaligen Oberkirchenrat. Im Zuge der Aufklärungswelle im Jahr 2010 meldeten sich zwei Frauen, die ihm vorwarfen, sie im Dienst sexuell missbraucht zu haben. Das eine Opfer war zum Zeitpunkt des Missbrauchs dreizehn Jahre alt. Es hatte dem damaligen Pfarrer ihre schwierige familiäre Situation anvertraut, bevor er sich an ihr verging. Das andere Opfer war die frühere Sekretärin des Oberkirchenrates. Sie wurde während der Arbeit öfter zu sexuellen Handlungen gezwungen. Als sie sich schließlich dem Landesbischof anvertraute, geschah nichts. Nach der Anzeige der beiden Frauen wurde ein Prozess vor dem Gericht der EKD eingeleitet. Letztendlich wurde das Verfahren jedoch wegen Verfahrensfehlern eingestellt. Der Oberkirchenrat im Ruhestand behielt seinen Posten. Während dieser Fall einerseits auf erschreckende Weise vor Augen führt, dass Amtsträger der evangelischen Kirche in hohen Positionen ihre Macht konsequenzlos missbrauchen können, zeigt sich durch die Berichterstattung der »Evangelischen Sonntagszeitung« andererseits, dass diese Fälle sehr wohl wahrgenommen, kritisiert und öffentlich diskutiert werden.

Zögern und Zaudern:
Widerstände in der Kirche

Für die katholische wie die evangelische Kirche gilt, dass sie sich nur sehr zögerlich mit Missbrauchsvorwürfen auseinandersetzen, die Mitarbeiter oder Pfarrer betreffen. Das Opfer wird nach Zeugen befragt. Wenn es diese nicht gibt, wird darauf hingewiesen, wie schwer es sein wird, den Vorwurf zu beweisen. Nach wie vor werden Opfer bewusst verunsichert, vorgetragene Taten werden mit Sätzen wie »Na, so schlimm wird es schon nicht gewesen sein« bagatellisiert.

Dieses Verhalten ist nicht ungewöhnlich. Die Kirchen verhalten sich genau wie andere Institutionen auch. Eine Firma wird es nicht an die große Glocke hängen wollen, wenn eine Sekretärin behauptet, ihr Vorgesetzter habe sie gemobbt oder gar sexuell missbraucht. Auch ein Amt oder ein Verein würde sich nur sehr ungern mit solch einem Fall befassen wollen und deshalb versuchen, den Vorwurf so schnell wie möglich zu entkräften. Man würde nicht wollen, dass der Fall an die Öffentlichkeit kommt, und alles versuchen, um die Sache diskret hinter sich zu bringen. Denn wenn erst bekannt wird, dass eine Firma Gewalt gegen ihre Mitarbeiter ausübt, wird diese Firma einen Imageschaden erleiden. Auch die Kirche muss mit einem Imageschaden rechnen, wenn ein Missbrauchsfall ans Licht kommt. Sexueller Missbrauch widerspricht vollkommen den Werten, für die Kirche und ihre Repräsentanten stehen. Ein Priester, der in aller Heimlichkeit seine Ministranten prügelt, während er zugleich in der

Öffentlichkeit zu Barmherzigkeit und Nächstenliebe aufruft, hat nicht nur geprügelt, sondern auch gegen christlich-moralische Werte verstoßen, für die er steht. Er macht nicht nur sich unglaubwürdig, sondern gleich die ganze Institution Kirche. In der Arbeitswelt kann man zwischen den moralischen Handlungen der Chefs und dem, wofür die Firma steht (dem Produkt), trennen. Eine Schuhfirma kann auch dann gute Schuhe herstellen, wenn die Vorgesetzten Steuern hinterziehen und ihre Mitarbeiter schlecht behandeln. Zumeist kaufen die Kunden das Produkt trotzdem. Das Verhalten des seine Macht missbrauchenden Chefs fällt insofern nur bedingt auf die Firma zurück. Oder nehmen wir einen Fußballspieler, über den bekannt wird, dass er jemanden krankenhausreif geschlagen haben soll. Wenn dieser Sportler auf dem Platz gut ist und seine Mannschaft zum Sieg bringt, wird sich kaum jemand daran stören, dass dieser Mann auch gewalttätig ist. Berichte über einen gewalttätigen Bundesligaspieler werden auch nicht dazu führen, dass Fußball als gewalttätiger Sport klassifiziert wird. Das Verhalten des Spielers ist in diesem Fall unabhängig vom Sport. Bei Fällen im kirchlichen Bereich ist das anders. Wenn ein Pfarrer Gewalt anwendet, entsteht eine Kluft zwischen den moralischen Werten, für die er steht, und seinem Handeln. Wie sehr gewalttätiges Verhalten einzelner Amtsträger das Vertrauen in die Institution Kirche beschädigen kann, ist in den vergangenen Jahren deutlich geworden.

Wenn die Kirche also zögernd und bagatellisierend auf Missbrauchsvorwürfe reagiert, will sie die Institution vor massivem Schaden bewahren. Die Identifikation der Mitarbeiter und Amtsträger mit ihrer Kirche ist enorm stark. Unter meinen Patienten war ein katholischer Geistlicher, der als Kind von einem Priester sexuell missbraucht worden war. Doch auch nach jahrelanger Therapie wollte mein Patient den Missbrauch nicht bei der zuständigen Diözese anzeigen. Er schämte sich. Die Vorstellung, dass er sexuellen Kontakt zu einem Pfarrer hatte, war ihm unerträglich. Außer in der Therapie hat er nie jemandem von dem Missbrauch erzählt. Mein Patient fürchtete, diese Sünde würde auf ihn zurückfallen, wenn er sie vor anderen offenbarte. Immer, wenn er von den Übergriffen des Priesters sprach, bebte sein ganzer Körper. Was aber noch viel schwerer wog, war das Gefühl, seine Kirche schützen zu wollen. »Ich fühle mich schon bei dem Gedanken daran, diese Tat anzuzeigen, wie ein Verräter oder wie ein Nestbeschmutzer. Ich würde das nicht aushalten«, sagte er immer wieder, wenn wir auf das Thema kamen. Er identifizierte sich sehr stark mit der Kirche und wollte sie gegen Angriffe von außen schützen.

Ein anderer Grund für das Zögern der Kirche ist Scham. Das erlebe ich bei vielen Amtsträgern und Mitarbeitern. Sie können nicht glauben, dass so etwas in ihrer Kirche geschehen ist. Ähnliches mögen beispielsweise Lehrer empfinden, wenn bekannt wird, dass einer der Kollegen eine Schülerin missbraucht hat. Sie fühlen sich als Angehörige des Kollegiums mitverantwortlich. Zudem ist ihr Selbstverständnis als Lehrer gestört, weil ihr Beruf in der Öffentlichkeit nun mit Missbrauch in Verbindung gebracht wird.

Besonderes Unbehagen erlebe ich bei katholischen Amtsträgern, wenn sich herausstellt, dass ein Mitbruder sexuell missbraucht hat. In diesen Fällen begegnet mir oft fassungsloses Schweigen. Allein die Möglichkeit, dass man in solcher

Weise gegen den Zölibat verstoßen kann, löst große Beklemmung aus. Die, die sich selbst jeden Gedanken an Sexualität verbieten und alles Triebhafte zurückdrängen, werden auf sehr unschöne Weise wieder an diese Gedanken und damit verbundene Gefühle erinnert. Denjenigen, die selbst sexuell übergriffig geworden sind, wird vor Augen geführt, dass solch eine Tat jederzeit an die Öffentlichkeit kommen kann. Aus psychoanalytischer Sicht spielt auch noch der verdrängte eigene Anteil der Unbeteiligten eine Rolle. Der unbewusste Wunsch, selbst eine derartige Tat zu begehen, kann dazu führen, dass beispielsweise ein höherer Amtsträger, der mit dem sexuellen Missbrauch eines Pfarrers an einem vierzehnjährigen Jungen konfrontiert wird, sich mit dem Täter identifiziert. Auch wenn dem Amtsträger dies in jenem Moment nicht bewusst ist, so wird er sich doch schuldig fühlen, weil er spürt, dass er den Fall nicht neutral bewerten kann. Er wird möglicherweise Partei für den Täter ergreifen und die Tat nicht weiterverfolgen.

Ein weiterer, aber ebenso wichtiger Grund für das Zögern der Amtsträger ist existentielle Angst. Ein siebzigjähriger Ordensmann zum Beispiel, der seit fünfzig Jahren nach bestem Wissen und Gewissen nach den Geboten seiner Kirche lebt, wird erschüttert sein, wenn er erfährt, dass seine Mitbrüder sich schon seit langem über diese Gebote hinweggesetzt haben. Wenn er von sexuellen Übergriffen und Machtmissbrauch hört, wird das sein Bild der Kirche möglicherweise zerstören, er könnte beginnen zu zweifeln. Nach all den Jahren könnte er unsicher werden, ob sein Lebensweg der richtige war. Er könnte sich fragen, ob es sich überhaupt gelohnt hat, auf Sexualität und Partnerschaft zu verzichten. Die Gebete, der Gottesdienst und sogar das Abendmahl könnten ihm plötzlich mechanisch und bedeutungslos vorkommen. Alles, an das er fünfzig Jahre lang geglaubt hatte, könnte ihm mit einem Mal fragwürdig erscheinen. Er könnte in eine existentielle Krise geraten. Wer sich als Mitarbeiter oder Amtsträger das ganze Ausmaß des Missbrauchsskandals vor Augen führt, kann selbst den Boden unter den Füßen verlieren.

Diese existentielle Angst spürt man auch bei gläubigen Laien. Menschen, die sich in der Kirche beheimatet fühlen, können kaum ertragen, dass sich diese Missbrauchsfälle in ihrer Kirche abgespielt haben sollen. Sie tun sich sehr schwer, diese Wahrheit zu akzeptieren. Sie würde ihr religiöses Weltbild ins Wanken bringen, wenn nicht sogar zerstören.

Dem Zaudern der Kirche kann man nur begegnen, indem man strenge Hierarchien auflöst und Sexualität und Aggression als grundlegende Triebe des Menschen zulässt. Jeder einzelne gläubige Mensch, der Repräsentant der Kirche ebenso wie der Laie, soll ohne Reue Wut, Lust und Freude empfinden dürfen. Als wichtige Anteile der Persönlichkeit dürfen diese Gefühle nicht verdrängt werden.

Schweigen vergrößert das Problem. Wer Fehlverhalten in den eigenen Reihen nicht offen eingesteht, der setzt das Vertrauen der Gläubigen aufs Spiel und schadet dem Image der Kirche.

Kapitel 5

Möglichkeiten und Visionen

Die christliche Kirche ist auch noch nach 2000 Jahren eine wertvolle, erhaltenswerte Institution. Veränderungen brauchen Zeit. Verhaltensweisen, Abläufe und Vorstellungen sind gewachsen und nicht einfach umzukehren.

Prävention und Hilfe: Was sich ändern lässt

Seit 2010 ist ein Bewusstsein dafür entstanden, dass es in der Kirche Menschen gibt, die ihre Macht missbrauchen. Dieses Bewusstsein gilt es zu nutzen und auszubauen, um weitere Taten zu verhindern. An erster Stelle muss der adäquate Umgang mit den Opfern stehen. Sie müssen erfahren, dass die Taten verurteilt und ihre Leiden anerkannt werden.

Prävention

Um weitere Taten zu verhindern, muss man bei den Machtinhabern beginnen. Für Amtsträger und Mitarbeiter der Kirche müssen regelmäßige Fortbildungsangebote und Workshops zum Thema Sexualität und Missbrauch selbstverständlich sein. Insbesondere die Geistlichen, die an den Zölibat gebunden sind, müssen sich mit ihrer Sexualität auseinandersetzen.

Wer ohne genitale Sexualität lebt, sollte sich dennoch damit beschäftigen, um den fatalen Wirkungen, die die Verdrängung auf die Psyche haben kann, zu entgehen. Entsprechende therapeutische Angebote sollten verbindlich sein.

Enorm wichtig ist, dass nur solche Menschen kirchliche Ämter erlangen, die mit der Macht, die sie dort erhalten, auch umgehen können. Inzwischen wird von den Kirchen zwar ein polizeiliches Führungszeugnis von allen Mitarbeitern und Amtsträgern gefordert, aber ein solches Zeugnis sagt letztlich kaum etwas darüber aus, wie sich jemand gegenüber Menschen verhalten wird, die von ihm abhängig sind. Bei kirchlichen Einstellungsverfahren gilt bisher vor allem der Sachverstand eines Kandidaten als ausschlaggebend. Seine Noten und sein Einsatzwille werden begutachtet. Aber ob dahinter auch eine reife Persönlichkeit steht, wird in der Regel nicht berücksichtigt.

Dabei ist genau das für einen Beruf, in dem verantwortlich mit Menschen gearbeitet wird, äußerst wichtig. Gerade, weil hohe moralische Anforderungen an einen Geistlichen gestellt werden, sollte das Vermögen, eigene Gefühle und Verhaltensweisen zu reflektieren und einzuschätzen, hier entscheidend sein. Ein Pfarrer muss in der Lage sein, seine Motive zu hinterfragen, wenn er einen Ministranten attraktiv findet. Genauso muss er reflektieren können, wenn ein anderer Aggressionen bei ihm auslöst.

Ungeachtet dessen werden weder in der katholischen noch in der evangelischen Kirche psychische Dispositionen ermittelt. Um diese auszuloten, sollte eine Eingangsuntersuchung vor dem Eintritt in den Beruf verpflichtend sein. Anhand eines Tests oder einer Befragung zur Persönlichkeitsstruktur durch andere Seelsorger sollte begutachtet werden, ob der Kandidat in der Lage ist, auch die menschliche Seite des Pfarrerberufs zu bewältigen.

Selbsterfahrung, wie sie im Rahmen einer Lehrtherapie zur Ausbildung eines Therapeuten gehört, sollte auch selbstverständlich in ein Theologiestudium integriert sein. Auch zukünftige Seelsorger sollten ihre Handlungen und Gefühle einschätzen lernen. Das könnte entweder in speziellen Kursen oder in Einzelgesprächen geschehen. Wenn sich zeigt, dass ein Anwärter den hohen Moralvorstellungen und der menschlichen Verantwortung nicht gewachsen ist, muss das dazu führen, dass er als Theologe nicht verantwortlich mit Menschen arbeiten darf.

Die soziale Kompetenz der Vikare und Kapläne muss im Fokus der Ausbildung stehen. In der evangelischen Ausbildung gibt es erste Ansätze hierzu, aber das reicht noch lange nicht aus.

Intervention

Wie soll die Kirche auf Missbrauchsopfer zugehen? Was kann sie tun, um das Leid zu mildern?

Diese Fragen sind wesentlich, weil die Kirche die Gläubigen weder belügen noch sie vor den Kopf stoßen darf. Sie muss einen Weg finden, das verlorene Vertrauen wiederzuerlangen, ohne die Situation auszusitzen und auf das Vergessen zu hoffen. Die Menschen, die sich jetzt als Missbrauchsopfer in kirchlichen Einrichtungen offenbaren, haben oft jahrelang geschwiegen. Wenn sie nun dieses Schweigen brechen, haben sie das Gefühl, nicht gehört zu werden, oft schon verinnerlicht. Bereits kleine Unaufmerksamkeiten können bei ihnen wieder das Gefühl auslösen, übergangen und alleingelassen zu werden. Um den Opfern entgegenzukommen, ist es daher wichtig, dass die Repräsentanten der Kirche die Opfer ernst nehmen. Als Papst Benedikt XVI. sich im Sommer 2010 bei den Missbrauchsopfern entschuldigte, war das ein wichtiges Signal, insbesondere, weil das Schuldeingeständnis öffentlich war und von der höchsten Autorität der katholischen Kirche kam. Die Opfer brauchen das Gefühl, wahrgenommen zu werden und zu ihrem Recht zu kommen. Die Reue der Täter ist enorm wichtig. Entsprechend sollten die Repräsentanten der Kirche den Opfern zeigen, dass sie das Geschehene bedauern und verurteilen. Leider gelang dies Papst Benedikt in seiner Rede nicht, er schrieb die Schuld an den Taten letztendlich dem Teufel zu. Damit leugnete er die Verantwortung für die Taten gleich wieder und schob die Schuld von sich. Psychoanalytisch gesehen ist aber auch die nebulöse Gestalt des Teufels ein verinnerlichter Anteil eines Menschen. Es ist nichts gewonnen, wenn man diesen Anteil nach außen verlagert.

Neben mündlichen und schriftlichen Entschuldigungen gewährt die Kirche Missbrauchsopfern auch finanzielle Entschädigungen. Diese werden von vielen ambivalent betrachtet. Vor allem die Höhe der in Aussicht gestellten Summen wird oft kritisiert. Das entstandene Leid lässt sich jedoch nicht mit Geld aufwiegen. Geld kann den Opfern nicht helfen, den psychischen Schaden zu bewältigen, den sie genommen haben. Dennoch haben die Zahlungen eine wichtige Signalwirkung. Die Kirche erkennt damit an, dass Unrecht geschehen ist. Sie gibt etwas, um diesem Unrecht zu begegnen.

Konkrete Hilfe bietet dagegen das Angebot der Kirchen, Therapien zu bezahlen. Aber auch hier dürfen die Opfer nicht bevormundet werden. Sie müssen selbst wählen dürfen, wo sie Hilfe in Anspruch nehmen und von wem. Hilfe und Anerkennung müssen dem Opfer erkennbar entgegengebracht werden. Dies darf nicht zu einem bürokratischen Akt werden. Deutlich mehr Unterstützung benötigen Opfer, denen innerhalb der Kirche Unrecht widerfahren ist. Menschen, die als Repräsentanten der Kirche Gewalt von Höhergestellten ertragen mussten, werden nach wie vor viel zu wenig wahrgenommen. Ordensleute, die von ihren Oberen missbraucht werden, haben ebenso keinen Ansprechpartner wie Pfarrer, die von ihrem Bischof schikaniert werden. Während man für Laien inzwischen viel tut, haben missbrauchte Geistliche noch immer keine Lobby. Dringend nötig ist ein Untersuchungsausschuss, der sich mit diesen Fällen beschäftigt. Auch diese Opfer müssen erfahren, dass sie von der Kirche wahrgenommen werden.

Während man den Opfern der Missbrauchsfälle gerecht werden muss, gilt es auch, mit den Tätern angemessen umzugehen. Juristische Strafen, kirchenrechtliche wie staatsrechtliche, sind nötig. Sie sind nicht nur ein wichtiges Zeichen für das Opfer, sondern können auch einen entlastenden Effekt auf den Täter haben. Durch eine Suspendierung, eine Geld-, Gefängnis- oder Bewährungsstrafe erhält der Täter die Chance, seine Tat zu sühnen. Er kann sich so an der Schuld abarbeiten, die er auf sich geladen hat. Wichtig ist dabei, dass die Täter auch therapeutische Hilfe bekommen. Nur wenn der Täter bereit ist, sich in der Therapie zu öffnen und seinen Motiven zu stellen, kann er seine Arbeit als Geistlicher wiederaufnehmen. Der Therapeut ist dabei in der Verantwortung. Wenn er bemerkt, dass der Patient nicht an sich arbeiten möchte und die Therapie nur wie einen Pflichttermin absitzt, muss er das entsprechend vermerken. Die Empfehlung muss dann lauten, dass der Täter nicht wieder verantwortlich mit Menschen arbeiten sollte.

Wichtig ist auch, dass der Therapeut feststellt, inwiefern die Lebenswelt des Geistlichen für seine Tat verantwortlich ist. Wenn sich herausstellt, dass das zölibatäre Leben eines katholischen Priesters schädigend auf ihn wirkt, dann muss dies anerkannt und entsprechend verändert werden. Die Therapie darf nicht lediglich darauf hinauslaufen, dass der Geistliche nachher wieder an gleicher Stelle funktioniert. Der Patient muss die Möglichkeit bekommen, seine Lebensumgebung kritisch zu hinterfragen und gegebenenfalls zu verlassen. Gleichzeitig muss eine berufliche Alternative besprochen werden, um durch drohende Arbeits- und Perspektivlosigkeit den Therapieerfolg nicht zu gefährden.

Sowohl für Opfer als auch für Täter kann es heilsam sein, wenn sich beide noch einmal gegenübertreten. Eine solche Begegnung birgt die Möglichkeit, dass das Opfer aus seinem Trauma herausfindet. Jedoch kann sie auch überfordern und letztendlich neue Verletzungen hervorbringen. Deshalb ist wichtig, dass eine erneute Begegnung mit dem Täter gegebenenfalls im therapeutischen Rahmen aufgearbeitet werden kann.

Zuallererst muss das Opfer ein Treffen mit dem Täter wollen, sonst würde ich dringend davon abraten. Und auch der Täter muss bereit sein, seine Tat anzuerkennen. Nur wenn ein Opfer merkt, dass der Täter seine Tat bereut, wird es seinen Frieden finden. Gut verläuft solch ein Treffen, wenn der Täter in der Konfrontation mit dem einstigen Opfer erkennt, welches Unrecht er getan hat, und sich entschuldigt. Ich habe auch schon erlebt, dass ein Täter erklärte, es sei doch nichts Schlimmes passiert. Bei den alten Griechen habe es ja auch die Knabenliebe gegeben. Wenn die Tat auf diese Weise verleugnet und bagatellisiert wird, erleidet das Opfer nur neuen Schmerz.

Manchmal hilft den Opfern auch eine Gesprächsrunde mit anderen Tätern. Wenn sie die Täter in ihrer Ohnmacht sehen und merken, wie unsicher diese Menschen sind, sehen sie möglicherweise auch, dass ihr Peiniger im Grunde sehr schwach war.

Weder für die Opfer noch für die Täter ist es leicht, sich dem Geschehenen zu stellen. Wenn die Kirche sie bei diesem Prozess unterstützt, tut sie genau das, wofür sie steht: Sie kümmert sich um diejenigen, »die beladen« sind.

Lustfreundlich und gleichberechtigt: Was sich ändern muss

In der Kirche gibt es zwei Aspekte, die krankmachend und destruktiv auf die Psyche der Gläubigen wirken: die strenge hierarchische Struktur, insbesondere der katholischen Kirche, und die Triebverdrängung. Wirken diese Aspekte zusammen, entsteht Gewalt, sehr oft sexualisierte Gewalt. Es gibt erschreckend viele Fälle, in denen das deutlich wird. Wenn der Pfarrer einen Ministranten missbraucht, die Oberin eine

Ordensschwester schikaniert oder der Bischof einen Pfarrer willkürlich versetzt, wird die Hierarchie der Kirche genutzt, um etwas Triebhaftes auszuleben, das zugleich verdrängt wird.

Um den Missbrauch von Macht durch Geistliche langfristig zu reduzieren oder gar ganz zu verhindern, muss die Kirche zu einem anderen Umgang mit körperlicher Lust finden und die Macht anders verteilen.

Lustfreundliche Kirche

Das Evangelium ist eine Botschaft der Liebe, und diese Liebe umfasst auch das Erotische. Dass Gott den Menschen als sexuelles Wesen geschaffen hat, beinhaltet das Angebot, Sexualität auch zu leben. In dieser Weise darf Sexualität hier als Geschenk Gottes betrachtet werden. Neben Lust und Freude bietet sie uns die körperliche und seelische Grundlage für die Fähigkeit zu lieben. Sie versetzt uns in die Lage, in Beziehung zu anderen und nicht in Isolation zu leben. Man kann die Liebe zwischen zwei Menschen auch als eine Art »Gottesdienst« betrachten. Insofern kann Sexualität keine Sünde sein.

Ich fordere die Kirche auf, die körperliche Seite des Menschen miteinzubeziehen und gutzuheißen. Den Gläubigen sollte endlich vermittelt werden, dass sie nichts Schlechtes tun, wenn sie ihre Sexualität leben. Denn sie tun dabei genau das, wozu Gott sie geschaffen hat.

Lange genug wurde Sexualität in eine Reihe mit Sünden wie Mord, Diebstahl und Verleumdung gestellt. Die Auswirkungen auf die Gesundheit der gläubigen Christen wären immens, wenn sie sich an ihrer körperlichen Lust freuen könnten – ganz ohne ein schlechtes Gewissen. Sowohl psychische als auch physische Leiden würden abnehmen.

Katholische und evangelische Kirche müssen sich lustfreundlicher zeigen und anerkennen, dass neben der monogamen, heterosexuellen Zweierbeziehung, die in der Ehe ihre Legitimation erfährt, auch andere Formen des Zusammenlebens möglich sind. Repräsentanten der Kirche müssen sich dafür einsetzen, dass unverheiratete, homosexuelle, geschiedene, wiederverheiratete und alle anderen Verbindungen nicht weniger von Gott gewollt sind. Sie könnten Sexualität als das Gottesgeschenk darstellen, das es ist. Denn warum sollte Gott wollen, dass Sexualität nur um der Fortpflanzung willen gelebt werden darf? Warum soll das einer Art »natürlichen Ordnung« entsprechen, wie es die katholische Kirche nennt?

In Predigten sollte die Lustfreundlichkeit biblischer Texte nicht verschwiegen werden. Die Figur Jesu beispielsweise hat auch eine lustvolle Seite. Sicher hat Jesus asketisch gelebt, aber er hat Genuss und körperliche Freuden deshalb nicht abgelehnt. Geschichten wie die der Hochzeit in Kanaa belegen das. Jesus hat dort Wasser in Wein verwandelt, weil er wollte, dass die Menschen weiter feiern können.

Freude an der Lust könnte sich auch in der Art zeigen, wie ein Gottesdienst gefeiert wird. Ansprechende und helle Elemente würden zeigen, dass Lachen erlaubt und erwünscht ist. In afrikanischen Gottesdiensten wird das bereits berücksichtigt. Dort tanzen und lachen die Menschen, während Gottes Wort verkündet wird. Hier ist die katholische Kirche bereits freundlicher und üppiger als die evangelische. In den

Gotteshäusern finden sich tendenziell buntere Farben, Bilder und opulente Dekorationen. Während die Talare der evangelischen Pfarrer vorzugsweise schwarz sind, tragen katholische Geistliche helle, farbige Gewänder.

Von der evangelischen Kirche angebotene Veranstaltungen zum Thema Partnerschaft und Sexualität können die Gläubigen zum Umdenken anregen. In Seminaren, Workshops und Vorträgen kann deutlich gemacht werden, wie vielfältig die Formen des partnerschaftlichen Lebens sein können. Zugleich muss darauf hingewiesen werden, dass Sexualität um ihrer selbst willen wünschenswert und gut ist. Auch in der Jugendarbeit darf das Thema nicht ausgeklammert werden. Man wäre so näher an der Lebenswirklichkeit junger Menschen und könnte sie auch besser erreichen, wenn es um den verantwortungsvollen Umgang mit Sexualität geht.

Speziell der katholischen Kirche stehen radikalere Änderungen bevor, wenn sie sich lustfreundlicher zeigen will. Der Pflichtzölibat sollte abgeschafft werden. Diakone, Pfarrer und auch Bischöfe müssen selbst entscheiden können, wie sie ihre Sexualität leben wollen, genauso wie man etwa auch Lehrern oder Ärzten diese Freiheit lässt. Gott erwartet von Klerikern nicht, dass sie auf ihre Lust verzichten. Auch viele Laien erwarten von den Geistlichen kein keusches Leben. In den fünfziger und sechziger Jahren gab es in Österreich einen katholischen Pfarrer, der sehr beliebt war. Jeder in der Gemeinde wusste, dass er Kinder mit verschiedenen Frauen hatte, aber niemand störte sich daran. Mein Eindruck ist, dass die Menschen sich ihm dadurch näher fühlten. Sie sahen in ihm einen Menschen aus Fleisch und Blut, der ganz ähnliche Probleme hatte wie sie selbst. Als schließlich der Bischof von der Lebensweise des Priesters erfuhr, wollte er ihn strafversetzen. Die Gemeinde setzte sich jedoch so vehement für ihren Pfarrer ein, dass er schließlich bleiben durfte.

Den Zölibat nur teilweise aufzuheben ist keine Lösung. Wenn beispielsweise nur noch Bischöfe an den Zölibat gebunden wären, würde dies das Problem nur verlagern. Das Bischofsamt wäre noch elitärer. Das Machtgefälle zwischen Priestern und Bischöfen würde verstärkt. Eine Art Zweiklassengesellschaft innerhalb des Klerus wäre die Folge. Triebverdrängung ginge wieder mit großer Macht einher, was, wie ich gezeigt habe, Machtmissbrauch begünstigt.

Keuschheit ist natürlich nicht grundsätzlich verwerflich. Es ist möglich, zölibatär zu leben, ohne psychisch Schaden zu nehmen. Doch nur, wenn Sexualität dabei nicht verdrängt wird. Die Sehnsucht nach körperlicher Liebe muss zugelassen werden. Wer auf seine genitale Sexualität verzichtet, muss sich darüber im Klaren sein, dass er auf einen wesentlichen Teil seines Menschseins verzichtet. Es gibt durchaus Menschen, die ihre Aufgabe in der Kirche so sehr lieben, dass sie die Kraft dafür aufbringen. Aber das gelingt nur bewusst. Wer seine Sexualität verleugnet und sich nicht mit ihr auseinandersetzt, wird früher oder später Schwierigkeiten bekommen. Deshalb sollte die Entscheidung für ein zölibatäres Leben nicht zu früh getroffen werden. Es gibt einige christliche Frauen- und Männerorganisationen für Menschen, die Lebenserfahrung mitbringen. Neben dem gemeinsamen Leben und dem Einsatz für Benachteiligte wird hier auch Keuschheit gefordert. Viele dieser neuentstandenen Ordensgemeinschaften sind ökumenisch ausgerichtet. Sie sind sowohl als reine Frauen- als auch als reine Männergemeinschaften organisiert. In jüngster Zeit haben sich sogar Gemeinschaften aus Männern *und* Frauen gebildet, die klösterlich leben. Die Mitbrüder und -schwestern sind meist zwischen Mitte zwanzig und dreißig Jahre alt, wenn sie sich für diese Gemeinschaft entscheiden, manchmal auch deutlich älter. Sie haben Lebenserfahrung, sind einem weltlichen Beruf nachgegangen und haben oft schon Beziehungen hinter sich. Viele haben Trennungen erlebt oder sind verwitwet und entscheiden sich nun ganz bewusst für ein Leben ohne Sexualität. In diesem Sinne halte ich Keuschheit für lebbar, ohne dass sie schädlich auf die Psyche wirkt. Diese Menschen können einschätzen, worauf sie sich einlassen. Aus meiner Sicht bieten solche Lebensgemeinschaften für lebenserfahrene Menschen eine Möglichkeit, bewusst und freiwillig zölibatär zu leben.

Wer seine Sexualität aber verdrängt und sich nicht erlaubt, sie zu leben, der möchte sie auch beim anderen zerstören. Im Umkehrschluss hätte die Aufhebung des Zölibats auch einen positiven Effekt auf die Sexualmoral der Kirche insgesamt. Wenn katholische Geistliche ihre Sexualität leben dürften, hätte das zur Folge, dass sie auch den Laien ihre Lust gönnen können.

Es genügt nicht, wenn nur einzelne Geistliche sich vorwagen, Sexualität als Gottesgeschenk preisen und den Zölibat umgehen oder gar offen ablehnen. Die Sexualmoral der Kirche wird sich dadurch nicht ändern. Das Signal für eine derart grundlegende Änderung muss aus dem Vatikan kommen. Aber Papst Franziskus kann eine solch tiefgreifende Kursänderung im Grunde nicht vornehmen, ohne sich deutlich gegen seine Vorgänger zu wenden. Er kann nicht plötzlich den Zölibat abschaffen, während Johannes Paul II., den er gerade noch heiliggesprochen hat, diesen noch ausdrücklich für gut befunden hat. Wenn allerdings das Bischofskollegium in einer Synode beschließen würde, dass der Zölibat abgeschafft werden soll, könnte das ein geeigneter Denkanstoß sein. Doch eine solche Wendung ist kaum zu erwarten. Die amtierenden Bischöfe haben selbst viele Jahre keusch leben müssen und sich jede sexuelle Lust verweigert. Sie haben verinnerlicht, dass Sexualität eine Sünde ist. Es wird ihnen sehr schwerfallen, umzudenken und von dieser Vorstellung abzurücken.

Letztendlich wäre ein so tiefgreifender Kurswechsel nur dann möglich, wenn sich die Machtstruktur der Kirche ändert. Hier gibt es insbesondere für die katholische Kirche Handlungsbedarf. Nur wenn sich Amtsträger und Laien auf Augenhöhe begegnen, kann auch die katholische Kirche flexibler reagieren und zu einer neuen Sexualmoral finden.

Eigenständigkeit und Selbstbestimmung

Wenn man sich auf Augenhöhe begegnen will, muss innerhalb der katholischen Kirche zunächst das Gehorsamsgebot wegfallen. Es gilt einzugestehen, dass auch der Papst fehlbar ist, genauso wie alle anderen Menschen auch. Sein Amt bewahrt ihn nicht vor Fehlern. Auch Bischöfe irren sich und tun Dinge, die sie später bereuen. Gleiches gilt für die anderen Amtsträger. Das Eingeständnis dieser Fehlbarkeit kann dazu beitragen, die Distanz zwischen Geistlichen und Laien

zu verringern und damit auch dem Machtgefälle entgegenzuwirken. Auch das Amtsverständnis der katholischen Kirche
muss sich ändern. Solange Diakonen, Priestern und Bischöfen durch das Sakrament der Weihe eine besondere Stellung
gegenüber Gott zugesprochen wird, bleibt eine Kluft zwischen Laien und Klerus. Die Vorstellung, dass Geistliche sich
durch besondere, nicht zurückzunehmende Wesensmerk-
male von anderen Gläubigen unterscheiden, macht Laien zu
Gläubigen zweiter Klasse, die im System der katholischen
Kirche so gut wie keine Rechte haben.

Es gibt katholische Geistliche, die keinen Unterschied
zwischen sich und den anderen Gläubigen machen. Die Be-
freiungstheologen beispielsweise, die sich in den sechziger
Jahren in Südamerika zusammenfanden, lehnen die Hierarchie der katholischen Kirche ab. Sie widmen sich ganz den
Armen und Benachteiligten und sind nicht bereit, sich selbst
über diese Menschen zu stellen. Sie legen keinen Wert auf
teure Dienstwagen, Luxuswohnungen und prächtige Gewänder. Hinter dieser Bewegung steht auch ein politischer
Anspruch, der an den Sozialismus erinnert. Es wird darüber
gestritten, inwiefern dieser Ansatz als katholisch gelten kann.
Unabhängig davon, ist ihre Verweigerung von Machtansprü-
chen beeindruckend.

Auch einzelne katholische Geistliche setzen sich über lang
gepflegte Traditionen hinweg, um näher an den »normalen«
Gläubigen zu sein. Die, die sich mit ihren Ansichten in die
Öffentlichkeit wagten, sind oft gescheitert, zum Beispiel der
brasilianische Theologe und Publizist Leonardo Boff. Der
Franziskanerpater lehnte sich offen gegen die Hierarchie der
katholischen Kirche auf, setzte sich für die mittellosen Chris-

ten ein und wollte ihnen mehr Einfluss in der Kirche verschaffen. Nach einer langen, aufreibenden Auseinandersetzung mit dem Vatikan ließ Boff sich 1992 in den Laienstand versetzen. In seiner publizistischen Tätigkeit widmet er sich nach wie vor der Theologie und der Unterstützung der Armen und Benachteiligten.

Ein anderer frei denkender Geistlicher ist der französische Bischof Jacques Gaillot. Dreizehn Jahre lang stand er der Diözese von Évreux vor. Er zeigte sich bodenständig, verzichtete auf Teile seines Gehalts und lehnte einen teuren Dienstwagen ab. Sein Engagement galt vor allem dem Frieden. Er sprach sich öffentlich gegen Nuklearwaffen aus, unterstützte auch einen jungen Mann vor Gericht, der den Kriegsdienst aus Gewissensgründen verweigerte. Seinen Bischofssitz verlor Gaillot, nachdem er in einem seiner Bücher die Einwanderungspolitik Frankreichs scharf kritisiert hatte. Man versetzte ihn in das Bistum Partenia. Das liegt im heutigen Algerien, existiert aber schon lange nicht mehr als christliches Territorium. Gaillot wird bis heute nicht mehr zur französischen Bischofskonferenz eingeladen.

Es gibt katholische Geistliche, die die traditionelle Hierarchie der Kirche nicht mehr akzeptieren möchten, die Güte und Barmherzigkeit leben, die sich trauen, kritische Töne anzuschlagen und den Glauben auf ihre Weise auszulegen. Es gibt Pfarrer, die einen Homosexuellen nicht verurteilen, die ihm Gottes Segen geben, und solche, die keine Sünde darin sehen, wenn ein Paar unverheiratet zusammenlebt.

2012 setzten sich Priester aus dem Bistum Freiburg dafür ein, Geschiedene, die wieder geheiratet hatten, nun zum Abendmahl zuzulassen. Der Freiburger Erzbischof Robert

Zollitsch, der damals zugleich Leiter der Deutschen Bischofs-konferenz war, zog in Erwägung, diese Regel zu ändern. Doch offenbar fand er unter den Bischofskollegen keinen Zuspruch, und das Thema wurde nicht weiterverfolgt.

Die Impulse, die diese Amtsträger setzen, sind sehr gut und wünschenswert. Sie sind ein Zeichen dafür, dass diese Themen von katholischen Amtsträgern selbst gedacht und nicht nur von außen an die Kirche herangetragen werden. Doch solange sie vereinzelt sind, wird sich das Machtgefüge der katholischen Kirche nicht verändern.

Demokratische Wahlen der Entscheidungsträger sind ein wichtiger Schritt, wenn es darum geht, Macht besser zu ver-teilen. In der evangelischen Kirche wird das bereits sehr ernst genommen. Kleriker und Laien fällen wichtige Entschei-dungen, die die Kirche betreffen, gemeinsam, beispielsweise auch die Besetzung eines Bischofsamts. Würde auch die ka-tholische Kirche ihre hohen Amtsträger demokratisch wäh-len, würde das die unbedingte Macht dieser Ämter bereits schmälern. Ein vom Papst eingesetzter katholischer Bischof kann sich im Zweifel auf die Unfehlbarkeit des Pontifex be-rufen. Ein von Klerikern und Laien Gewählter kann dies nicht.

Ein weiterer Schritt, um die Macht von Klerikern in der katholischen Kirche zu reduzieren, sind Kontrollgremien. Diese müssen jedem Amtsträger zur Seite gestellt werden. Sie können zum Dialog auffordern. Es muss möglich sein, die Handlungen der Machthaber in Frage zu stellen – und zwar durch Untergebene innerhalb der Kirche ebenso wie durch Laien.

Viel wäre gewonnen, wenn man die Laien mehr in die

Kirche einbinden würde. In der evangelischen Kirche haben engagierte Gläubige bereits die Möglichkeit mitzusprechen. Sie sitzen in den Kirchenvorständen, in den Synoden und in zahlreichen Ausschüssen. Auf diese Weise haben sie die Möglichkeit, ihre Kirche aktiv mitzugestalten. Wenn Entscheidungen des Gemeindelebens getroffen werden müssen, diskutieren im Kirchenvorstand Laien mit dem Pfarrer auf Augenhöhe. Der Pfarrer kann überstimmt werden und ist an die Beschlüsse gebunden. In der katholischen Kirche haben Laien keine Entscheidungsgewalt. Im Pfarrgemeinderat haben sie die Gelegenheit, mit dem Pfarrer und seinen pastoralen Mitarbeitern zwar Angelegenheiten der Gemeinde zu besprechen. Der Pfarrgemeinderat hat aber lediglich eine beratende Funktion. Die Entscheidung trifft letztendlich der Pfarrer.

Man kann die Bildung von Pfarrgemeinderäten in der katholischen Kirche bereits als Fortschritt werten. An engagierten Laien fehlt es der katholischen Kirche nicht: Im Zentralkomitee der deutschen Katholiken tagen regelmäßig Laien und Vertreter der Deutschen Bischofskonferenz gemeinsam, um über die Belange der Kirche zu sprechen. Dieses wird zwar von der Öffentlichkeit wahrgenommen, aber seine Beschlüsse sind nach wie vor für die Kirche nicht bindend.

Auch in der evangelischen Kirche gibt es sehr viele engagierte Laien, die die Kirche haupt- und ehrenamtlich unterstützen. Dieses Engagement könnte man noch fördern und vertiefen. Zum Beispiel, indem man sie stärker in die Liturgie einbindet. Warum sollte nicht auch ein Laie mit entsprechender theologischer Ausbildung einen Gottesdienst halten können? Fortbildungskurse könnten dazu befähigen.

Was der christlichen Kirche, und hier spreche ich bewusst alle Konfessionen an, helfen würde, das Machtgefälle zu verringern, wäre ein Abrücken vom eigenen Absolutheitsanspruch. Selbstverständlich räumt jeder seinem religiösen Glauben Priorität ein, aber das bedeutet nicht, dass er auch für andere besser sein muss. Es gibt viele Möglichkeiten, zu glauben und religiös zu sein. Amtsträger der christlichen Kirche, die ihren Glauben für den einzig richtigen halten, versperren sich der Möglichkeit, frei und unbefangen über Glaubensfragen nachzudenken. Gerade in den hohen Ämtern der katholischen Kirche vermisse ich dieses Vermögen. Das Wissen um die Subjektivität der eigenen Religion würde Repräsentanten der Kirche stärken und flexibler machen.

Mit Machtstruktur und Sexualmoral kann die Kirche zwei wesentliche Aspekte verändern. Die christliche Kirche wäre nach solch einer Umwälzung eine andere – eine freundlichere. Doch bevor es so weit kommen kann, sind große Widerstände zu bewältigen. Nicht nur die Mitarbeiter der Kirche möchten von Traditionen nicht lassen, auch bei den Laien ist die Vorstellung eines unfehlbaren Papstes, eines mächtigen Bischofs und eines Pfarrers, der wie ein Hirte seiner Gemeinde vorsteht, fest verankert. Psychoanalytisch kann diese Tendenz als eine Art Sehnsucht nach dem Übervater interpretiert werden, Sehnsucht nach jemandem, der alles im Griff hat und seine schützenden Hände über einen hält. Dieses Gefühl können die Repräsentanten der Kirche vermitteln. Entscheidend ist, dass sie das wie ein guter Übervater tun, der die Gläubigen stützt und fördert und nicht unterwirft oder gar missbraucht. Indem ein Geistlicher stützt und fördert, macht er aus dem sich unterwerfenden Gläubigen einen selbstbewussten, der dem Vater (Geistlichen) nun auf Augenhöhe entgegentritt. Meiner Ansicht nach ist das die Aufgabe des Geistlichen. Es ist eine verantwortungsvolle Aufgabe.

Nachwort

Wenn Sie nun dieses Buch gelesen haben, werden Sie sich vielleicht fragen: Wie kann jemand, der nahezu täglich mit Missbrauchsfällen innerhalb der Kirche konfrontiert ist, ein gläubiger Christ bleiben? Ich kann Ihnen versichern, dass ich nach wie vor an Gott glaube und mich in der Kirche geistig beheimatet fühle. Mir hilft, dass mein Glaube losgelöst ist von den Menschen, die das Christentum repräsentieren. Ich glaube an einen freundlichen, zugewandten Gott, der jedes seiner Geschöpfe genauso liebt, wie er es gemacht hat, und ihnen so hilft, sich selbst ebenso zu lieben. Die Kirche existiert unabhängig von diesem Glauben. Sie hat in der Vergangenheit den Glauben benutzt, um ihre Macht zu entfalten. Es gilt nun, sie an die Laien zurückzugeben. Das bedeutet für die Gläubigen aber auch, dass sie selbst Verantwortung übernehmen müssen. Sie können sich nicht mehr gedankenlos in die Hände der Geistlichen begeben, sondern sind selbst gefragt, ihren Glauben auf ihre Weise zu leben. Die Repräsentanten der Kirche müssen anfangen, ihre Rolle als die eines Begleiters zu sehen. Auch als solche haben sie Macht, doch nur so lange, wie die Gläubigen sie an ihrer Seite brauchen. Es sollte ihnen eine Herzensangelegenheit sein, dieses Machtgefälle nicht unnötig auszudehnen, um die Abhängigkeit nicht zu verstärken. Das Christentum ist eine Religion der Liebe. Liebe muss in der Kirche wieder deutlicher in den Vordergrund treten und mit ihr Großzügigkeit, Offenheit, Freude und Lust.

Der Machtmissbrauch durch Geistliche kommt besonders häufig vor, denn in der Kirche ist die Kluft zwischen moralischem Anspruch und Wirklichkeit sehr drastisch. Doch die Kritik am Umgang mit Macht lässt sich auch auf andere Einrichtungen und Gruppierungen übertragen. Überall, wo sich Macht bündelt, kann sie durch Gewalt manifestiert werden.

Solange es starke Machtgefälle gibt, wird Missbrauch begünstigt, und solange bei der Vergabe hoher Positionen nicht auch nach der menschlichen Reife der Bewerber gefragt wird, wird Macht fahrlässig verteilt. Nicht nur in der Kirche müssen die Handlungen der Mächtigen kritisierbar sein. Auch in Schulen, Universitäten, Vereinen, politischen Parteien und Firmen muss es möglich sein, die Macht der Entscheidungsträger zu hinterfragen. Wenn dies berücksichtigt wird, kann unsere Solidargemeinschaft zu einem besseren Ort für freie, selbständig denkende Menschen werden und den Weg in eine wirklich humane Gesellschaft antreten.

Dank

Herzlich danken möchte ich meiner Frau Birgitta, die mir immer wieder Mut gemacht hat, nicht aufzugeben, und mich mit ihren kritischen Beiträgen zur Psychoanalyse sehr bereichert hat. Sie stand immer für Diskussionen zur Verfügung und nahm mir viele alltägliche Arbeiten ab, die ich vernachlässigen musste.

Weiter gilt mein Dank den Lektorinnen. Zuerst Alexandra Krishnabhakdi, die nach einem Interview in der »ZEIT« Kontakt zu mir aufnahm und mir die Idee antrug, ein Buch über Macht und Missbrauch in der Kirche zu schreiben. Mit meiner anfänglichen Skepsis ging sie gelassen um und unterstützte mich in allen Belangen, die mit dem Verlag in Zusammenhang standen. Katrin Bojarzin ist, da Alexandra Krishnabhakdi in Elternzeit ging, in ihre Fußstapfen getreten und hat mich nun bis zur Publikation gut begleitet.

Besonders danken möchte ich Henriette Dyckerhoff, die es hervorragend verstand, mein Originalmanuskript, das eher einem Fachbuch glich, auf die Sachbuchebene zu bringen. Ohne ihre Hilfe wäre mir dies nicht in dieser Form möglich gewesen.

Danken möchte ich Christine Reißer, die mich mit unermüdlicher Ausdauer und großem Engagement beim Erstellen des Manuskriptes unterstützte und mich in vielen Gesprächen auf »zu Fachliches« hinwies.

Zuletzt gilt mein Dank meinen Freunden Magdalena Rother-Weichenmeier und Dr. Anton Weichenmeier sowie meiner Kollegin Theresia Eger, die alle aus traditionell katholischen Familien stammen, katholisch sozialisiert sind und mir tiefe individuelle Einblicke in viele Ambivalenzen und Verwirrungen des religiösen Lebens gestatteten.

Literatur

Albus, Michael; Brüggemann, Ludwig (Hg.): Hände weg! Sexuelle Gewalt in der Kirche. Kevelaer 2011

Balint, Michael: Regression. München 1987

Bataille, Georges: Der heilige Eros. Darmstadt 1963

Bergmann, Martin S.: Eine Geschichte der Liebe. Vom Umgang des Menschen mit einem rätselhaften Gefühl. Frankfurt am Main 1999

Bischoff, Norbert: Das Rätsel des Ödipus. München 1989

Bitter, Wilhelm (Hg.): Angst und Schuld in theologischer und psychotherapeutischer Sicht. Stuttgart 1959

Campbell, Joseph: Mythologie der Urvölker. München 1996

Drewermann, Eugen: Kleriker. Psychogramm eines Ideals. Olten 1989

Drewermann, Eugen: Tiefenpsychologie und Exegese. 2 Bde. Olten, Freiburg 1992

Drewermann, Eugen: Atem des Lebens. Die moderne Neurologie und die Frage nach Gott. Bd. 2: Die Seele. Düsseldorf 2007

Eliade, Mircea: Das Heilige und das Profane. Vom Wesen des Religiösen. Frankfurt 1984

Elias, Norbert: Über den Prozess der Zivilisation. Bd. 2. Frankfurt am Main 1997

Ermann, Michael: Die Persönlichkeit bei psychovegetativen Störungen. Berlin 1987

Ermann, Michael (Hg.): Die hilfreiche Beziehung in der Psychoanalyse. Göttingen 1993

Ermann, Michael: Psychosomatische Medizin und Psychotherapie. Ein Lehrbuch auf psychoanalytischer Grundlage. Stuttgart 2007

Ferenczi, Sandor: Bausteine zur Psychoanalyse. 4 Bde. Berlin ³1984

Finsterbusch, Karin; Müller, Helmut A. (Hg.): Das kann ich dir nie verzeihen. Theologisches und Psychologisches zu Schuld und Vergebung. Göttingen 1999

Freud, Sigmund: Gesammelte Werke. Bd. 9. Frankfurt am Main 1940

Fromm, Erich: Gesamtausgabe. Bd. 7. und 8. Stuttgart 1980

Griffith, James L.: Religion hilft, Religion schadet. Wie der Glaube unsere Gesundheit beeinflusst. Darmstadt 2013

Grün, Anselm: Tiefenpsychologische Schriftauslegung. Münsterschwarzach 1992

Grün, Anselm: Der Glaube der Christen. Münsterschwarzach 2006

Grün, Anselm: Das Hohelied der Liebe. Münsterschwarzach 2008

Grün, Anselm: Jesus als Therapeut. Münsterschwarzach 2011

Highwater, Jamake: Sexualität und Mythos. New York 1990

Hirsch, Mathias: Realer Inzest. Psychodynamik des sexuellen Missbrauchs in der Familie. Berlin 1990

Holl, Adolf: Jesus in schlechter Gesellschaft. München 1974

Holl, Adolf: Mystik für Anfänger. Hamburg 1987

Holl, Adolf: Was ich denke. München 1994

Holm, Nils G.: Einführung in die Religionspsychologie. München 1990

Hoppe, Klaus D.: Gewissen, Gott und Leidenschaft. Stuttgart 1985

Jung, Carl Gustav: Gesammelte Werke. 20 Bde. Zürich 1966

Kennedy, Eugene; Heckler, Viktor J.: The Catholic priest in the United States: Psychological investigations. Washington 1972

Kozzens, Donald B.: Das Bild des Priesterberufes im Wandel – Die seelische Krise des Priesters. Mainz 2003

Kutter, Peter: Liebe, Hass, Neid, Eifersucht. Eine Psychoanalyse der Leidenschaften. Göttingen 1994

Malinowski, Bronislaw: Schriften zur Anthropologie. Frankfurt am Main 1986

Mertens, Wolfgang (Hg.): Handbuch psychoanalytischer Grundbegriffe. Stuttgart 2014

Mertes, Klaus: Verlorenes Vertrauen. Katholisch sein in der Krise. Freiburg 2013

Mettnitzer, Arnold: Couch und Altar. Erfahrungen aus Psychotherapie und Seelsorge. Wien 2008

Moser, Tilmann: Gott auf der Couch. Neues zum Verhältnis von Psychoanalyse und Religion. Gütersloh 2011

Müller, Wunibald: Liebe und Zölibat. Mainz 1999

Müller, Wunibald: Größer als alles aber ist die Liebe. Für einen ganzheitlichen Blick auf Homosexualität. Ostfildern 2009

Müller, Wunibald: Verschwiegene Wunden. Sexuellen Missbrauch in der katholischen Kirche erkennen und verhindern. München 2010

Müller, Wunibald; Wijlens, Myriam: Aus dem Dunkel ans Licht. Fakten und Konsequenzen des sexuellen Missbrauchs für Kirche und Gesellschaft. Münsterschwarzach 2011

O'Conner, Jay F.: »How can I choose the priesthood after all the sex-abuse scandal«, in: Insight 1995

Paglia, Camille: Sexualität und Gewalt oder: Natur und Kunst. München 1992

Podles, Leon J.: Sacrilege. Sexual Abuse in the Catholic Church. Baltimore 2008

Psychoanalytisches Seminar Zürich (Hg.): Sexualität. Frankfurt am Main 1986

Schellenbaum, Peter: Gottesbilder. Religion, Psychoanalyse, Tiefenpsychologie. München 1989

Rossetti, Stephen; Müller, Wunibald (Hg.): Sexueller Missbrauch Minderjähriger in der Kirche. Mainz 1996

Schelsky, Helmut: Soziologie der Sexualität. Hamburg 1955

Schlegel, Leonhard: Grundriss der Tiefenpsychologie. München 1978

Schmelcher, Antje: Ist jede Liebe Liebe?, in: Frankfurter Allgemeine Sonntagszeitung, 21. 3. 2010, Nr. 11

Schmidbauer, Wolfgang: Hilflose Helfer. Über die seelische Problematik der helfenden Berufe. Reinbek 1992

Schmidbauer, Wolfgang: Einsame Freiheit. Therapiegespräche mit Frauen. Reinbek 1993

Schmidbauer, Wolfgang: Die Angst vor Nähe. Reinbek 2002

Schmidbauer, Wolfgang: Auf der Suche nach dem verlorenen Glück. Gegen die Zerstörung unserer Glücksfähigkeit in der frühen Kindheit. München 2005

Schubart, Walter: Religion und Eros. München 1966

Siems, Andreas K.: Sexualität und Erotik in der Antike. Wege der Forschung. Bd. 605. Darmstadt 1988

Sperry, Len: Sex, priestly, ministry and the church, Collegeville 2003

Thomä, Helmut; Kächele, Horst: Lehrbuch der psychoanalytischen Therapie. Bd. 1 und 2. Berlin, Heidelberg, New York 1988

Thompson, William Irvin: Der Fall in die Zeit. Mythologie, Sexualität und der Ursprung der Kultur. Stuttgart 1985

Trible, Phyllis: Gott und Sexualität im Alten Testament. Gütersloh 1993

Wenz, Gunther: Einführung in die evangelische Sakramenten-
lehre. Darmstadt 1988

Wenz, Gunther: Religion, Studium, systematische Theologie.
Bd. 1. Göttingen 2005

Wenzel, Uwe Justus (Hg.): Was ist eine gute Religion? München
2007

Wurmser, Léon: Das Rätsel des Masochismus. Berlin 1989

Wurmser, Léon: Die zerbrochene Wirklichkeit. Berlin 1989

Wurmser, Léon: Die Maske der Scham. Die Psychoanalyse von
Schameffekten und Schamkonflikten. Berlin 1993

Wurmser, Léon: Ideen- und Wertewelt des Judentums. Eine
psychoanalytische Sicht. Göttingen 2002

Wurmser, Léon: Mein Licht in deiner Hand. Betrachtungen
eines Analytikers über Religion, Philosophie und Literatur.
Eschborn 2012

Yalom, Irvin D.: Existentielle Psychotherapie. Köln 1989